Ed Traut

Handbuch Traumdeutung

HANDBUCH

Traumdeutung

Bedeutung der Symbolik in Träumen und prophetischen Bildern

ED TRAUT

Prophetic Life Ministry
Ein biblisch fundiertes und ausgewogenes Verständnis der prophetischen Gabe und des prophetischen Dienstes für Lehre und Praxis.

propheticlife

Die Deutsche Nationalbibliothek verzeichnet diese Publikation in der Deutschen Nationalbibliografie; detaillierte bibliografische Daten sind im Internet über https://portal.dnb.de abrufbar.

Um dieses, oder auch weiteres Lehrmaterial zu bestellen wenden Sie sich bitte an:
Prophetic Life Ministry
18830 Salado Canyon, San Antonio, TX 78258, call 1-888-354-7770 oder online unter:
www.propheticlife.com
e-mail:: propheticlife@me.com

Umschlaggestaltung: Aliki Dimitriadis
Umschlagphoto: World Colors / shutterstock.com
Corporate Design: spoon design, Olaf Johannson
Übersetzung: Renée Schneider
Lektorat: Gabriele Kohlmann
Satz: Grace today Verlag
Druck: CPI – Clausen & Bosse, Birkstraße 10, 25917 Leck
Printed in Germany

3. Auflage 2025

Paperback: ISBN 978-3-95933-147-0, Bestellnummer 372147
E-Book: ISBN 978-3-95933-148-7, Bestellnummer 372148

www.gracetoday.de

INHALT

DANKSAGUNG

Ich bin Gott dankbar für alles, was er für mich getan hat. Auch wenn ich das Gefühl habe, es nicht zu verdienen, bin ich dem Herrn zutiefst dankbar für die Freundlichkeit, die er mir in all den Jahren, die ich ihn nun schon kenne, erwiesen hat. Möge dieses Buch ein Segen sein und ihm höchste Ehre bringen.

Mein Dank geht an Petrus und Kajal Vermaak für ihre Hilfe in der Zusammenstellung dieses Buches und die Überarbeitung des Traum-Wörterbuchs. Ein besonderer Dank geht an Petrus: Du hast dich über so viele Jahre so stark in Prophetic Life eingebracht und damit dazu beigetragen, dass dieser Dienst Gottes Absichten erfüllen kann.

Danke, Joyce Waters, für deinen Scharfblick und deine sprachlichen Fähigkeiten, mit denen du beim Lektorat des Buches geholfen hast.

Besonders danken möchte ich auch Naomi Bell für ihre fleißige Mitarbeit und große Hingabe bei der gemeinsamen Erstellung dieses Buches. Danke, dass du so viele Stunden schweißtreibender Arbeit in dieses Buch gesteckt hast.

VORWORT

Jeder träumt – alt oder jung, errettet oder nicht. Wir verschlafen ein Drittel unseres Lebens und Gott spricht definitiv in dieser Zeit durch Träume zu uns. In der Bibel und in Geschichtsbüchern lesen wir von Menschen, deren Träume große Wirkung auf sie hatten, was wiederum zur Veränderung vieler Leben führte.

Dieses Buch soll den Kindern Gottes helfen, ihre Träume mit einer christlichen Perspektive und auf biblischer Grundlage zu deuten. Es wird sie außerdem ausrüsten, Träume akkurat anzuwenden und sie in die richtige Richtung zu steuern. Traumdeutung ist keine abgeschlossene Sache, sondern eine kontinuierliche Reise und eine Einladung vom Herrn, gedanklich in die Tiefe zu gehen, um seine Pläne und Absichten für das eigene Leben von ihm offenbart zu bekommen.

EINLEITUNG

In der Apostelgeschichte zitiert Petrus am Pfingsttag aus dem Buch Joel, Kapitel 2. Er erklärte seinen Zuhörern das Phänomen, dessen Zeuge sie wurden: Menschen, die wie betrunken erschienen und in anderen Sprachen redeten. Petrus fuhr fort und bestätigte, dass Joel über die letzten Tage geweissagt habe, in denen prophetische Rede, Träume und Visionen in Fülle vorhanden sein würden. Es sollte zur Entfaltung kommen, was bereits da war, das jedoch in großer Fülle.

> *Da trat Petrus zusammen mit den Elf auf, erhob seine Stimme und sprach zu ihnen: Ihr Männer von Judäa und ihr alle, die ihr in Jerusalem wohnt, das sollt ihr wissen, und nun hört auf meine Worte! Denn diese sind nicht berauscht, wie ihr meint; es ist ja erst die dritte Stunde des Tages; sondern dies ist es, was durch den Propheten Joel gesagt worden ist: »Und es wird geschehen in den letzten Tagen, spricht Gott, da werde ich ausgießen von meinem Geist auf alles Fleisch; und eure Söhne und eure Töchter werden weissagen, und eure jungen Männer werden Gesichte sehen, und eure Ältesten werden Träume haben.« — Apostelgeschichte 2,14–17*

In diesem Buch werde ich dir zeigen, wie du Träume auslegen und deuten kannst. Sobald du die Grundsätze, die ich dir hier beibringen werde, übst und selbst anwendest, wirst du fähig sein, deine eigenen Träume zu deuten.

Ich selbst praktiziere dies schon seit langer Zeit und für mich ist es ziemlich einfach geworden, die vom Herrn gewählten Zeichen und Botschaften zu erkennen, mit denen er dem Träumenden etwas zeigen will.

Übrigens: Das Wörterbuch, das dem Praxis-Teil folgt und dazu dient, Trauminhalte richtig ein- und zuzuordnen, ist auch bei der Interpretation von prophetischen Bildern eine gute Hilfe.

DEFINITION VON TRAUM UND VISION

Wir sollten zunächst definieren, was ein Traum ist und was eine Vision und worin der Unterschied zwischen beiden besteht. Visionen haben wir, wenn wir wach sind. Sie geschehen vor unseren geistlichen oder natürlichen Augen, indem wir göttliche Eingebungen zu verschiedenen Situationen in unserem Privatleben, der Gemeinde oder der Welt erhalten. Visionen sind in der Interpretation häufig eindeutiger als Träume und laufen wie ein Film vor unseren Augen ab, während wir bei vollem emotionalen Bewusstsein sind. Wenn wir träumen, gibt es keine Beteiligung von unserer Seite.

Träume sind Bilder, die wir sehen, wenn wir schlafen. Jeder träumt! Der einzige Unterschied ist die Häufigkeit, mit der wir uns an unsere Träume erinnern. Die Träume, die uns bewusst sind, sind meist jene, die wir kurz vor dem Aufwachen haben.

Die fünf Schlafphasen

In den meisten größeren Städten gibt es »Schlaflabore«, in denen Menschen mit Schlafstörungen behandelt werden. In diesen Einrichtungen werden die Schlafmuster der Patienten überwacht, um den Grund für ein bestehendes Problem festzustellen. Daran angeschlossene Studien haben gezeigt, dass wir im Schnitt etwa acht Träume pro Nacht haben und uns dabei durch fünf Phasen bewegen.

In den Phasen eins bis vier, während wir uns entspannen und in den Schlaf gleiten, verlangsamen sich unsere Hirnwellen und wir generieren Alpha- und Theta-Wellen. In diesen Phasen nähern wir uns mehr und mehr der Tiefenentspannung, in welcher hauptsächlich niederfrequente Delta-Wellen die Hirnaktivität beherrschen. In Phase fünf des Schlafzyklus ähneln die Hirnströme denen einer wachen Person bei Bewusstsein. Diese Phase wird REM-Phase genannt: Rapid Eye Movement Phase (schnelle Augenbewegungen). Man vermutet, dass der REM-Schlaf eine Rolle in der emotionalen Verarbeitung der Tagesereignisse spielt. In dieser Zeit träumen wir. Studien haben gezeigt, dass Menschen orientierungslos, angespannt und gereizt sind, wenn die REM-Phase und damit die Träume unterbrochen werden. Es kann dann sogar zum Nervenzusammenbruch kommen. Die Traumzeit ist ein kraftvoller Freisetzungsmechanismus, den Gott für uns geschaffen hat, damit wir mit den Auswirkungen unseres Alltags fertigwerden, Dinge verarbeiten und uns erholen können. Gott hat uns wunderbar geschaffen.

Er schuf uns als Geistwesen, die eine Seele haben und in einem Körper leben. Jeden Tag braucht unser Körper Erholung, die insgesamt etwa ein Drittel unseres Lebens auf der Erde beansprucht.

Gott ist zutiefst auf Beziehung ausgerichtet. Er sehnt sich nach inniger Nähe und persönlichem Austausch mit seinen Kindern, und ganz sicher wird er einen so bedeutenden Teil unserer Existenz nutzen, um mit uns zu kommunizieren. Fakt ist, dass zum Träumen weder Glaube noch irgendeine Anstrengung unsererseits nötig ist. Träumen geschieht im Bereich von Geist und Seele. Wenn Gott zu jemandem im Traum sprechen will, dann muss derjenige weder errettet noch voller Glauben sein. Er kann jeden im Traum ansprechen. Wie gesagt, zum Träumen benötigen wir keinen Glauben, und am besten erinnern wir uns an den Traum, der unserem Aufwachen am nächsten ist. Doch die Erinnerung wird nur von kurzer Dauer sein, wenn wir nicht durch Wiederholung über ihn nachsinnen.

Gedächtnisknotenpunkte kreieren

Unser Gedächtnis funktioniert über drei Wege: Wiederholung, Assoziation und Trauma. Unter Assoziation versteht man die Verknüpfung eines Ereignisses mit einem begleitenden Gedanken, einem Gefühl oder einem bestimmten Unterton. Trauma bedeutet, dass etwas Dramatisches geschieht, wie beispielsweise ein Autounfall, eine schwere Krankheit oder ein emotional überwältigendes Erlebnis wie der erste Kuss oder die Geburt des eigenen Kindes. Erinnerungen werden gebildet, wenn unser Gehirn die Erlebnisse und Sinneseindrücke zurückverfolgt und durch Wiederholung mentale »Referenzpunkte« auf den Neuronen platziert. Indem das Gehirn dann wiederholend auf diese Referenzpunkte zurückgreift, entsteht eine Erinnerung (3x3=9, 3x3=9 usw.).

Das Gleiche geschieht in Träumen. Wir erinnern uns häufig an die Träume, die ein Gefühl hervorgerufen haben und uns deshalb veranlasst haben, genauer über sie nachzudenken. Oft schickt Gott uns einen Traum, um uns zum Suchen und Nachsinnen zu veranlassen. Denn manchmal hat Gott es schwer, unsere Aufmerksamkeit zu gewinnen, sie auf etwas anderes zu richten oder völlig neu auszurichten. Wenn wir sagen, dass Prophetie nur bestätigt, was wir schon gehört haben und glauben, dann deuten wir damit an, dass uns nichts von dem, was Gott sagt, jemals entgeht. Unsere »Genauigkeit« zwingt Gott dann in den Bestätigungsmodus. Doch wir wissen, dass das nicht wahr ist. Häufig dringt Gott gar nicht zu uns durch, wenn es um Dinge geht, die unser Verstand ausgeblendet hat.

Jona ist ein gutes Beispiel dafür. Er war ein Prophet Gottes und liebte den Herrn und doch rannte er in die entgegengesetzte Richtung, als Gott ihm auftrug, seinen Heilsplan den Menschen von Ninive zu bringen. Niemand, Jona eingeschlossen, wollte nach Ninive gehen. Es war die Hauptstadt Assyriens, die voll von bösartigen und blutrünstigen Menschen war. Sie waren Israels Feinde.

Viele von uns haben ähnliche Schwierigkeiten, wenn Gott scheinbar unmögliche Dinge von uns fordert. Dann ordnet Gott unsere Denkmuster und richtet uns neu aus. Dies geschieht oft durch Träume, die uns an einen Ort des Suchens ziehen. Durch beständige Meditation über Gott und sein Wort erhalten wir die Anweisungen, Antworten oder Befreiung, die wir schon längst hätten haben sollen.

Träume sind Gottes Erfindung

Es gibt kein Glaubenssystem außerhalb des Wortes Gottes und keinen anderen Glauben als den Glauben an das Wort Gottes. Vom ersten Buch Mose bis zur Offenbarung finden wir keinen einzigen Hinweis darauf, dass vom Teufel auch nur ein einziger Traum ausgegangen wäre! Es gibt jedoch viele Berichte von Träumen, die Gott Menschen gesandt hat, sogar solchen, die ihn nicht kennen.

Der Pharao, Nebukadnezar und einige ungewöhnliche Leute wie die Weisen sind nur ein paar wenige Beispiele dafür.

Sie wurden nicht errettet, kamen nicht in eine persönliche Beziehung mit dem Herrn und hatten eigentlich nichts mit ihm zu tun und doch regten ihre Träume sie an, ihm zu gehorchen. Sie wussten, dass etwas absolut Bedeutendes und Ungewöhnliches geschehen würde. Heute ist das nicht anders. Oft sagen Menschen:

»Mann, ich hatte so einen verrückten Traum« und wissen nicht, was sie davon halten sollen.

Das Prinzip der Reife

Als Josef ins Gefängnis geworfen wurde, fingen der Mundschenk und der Bäcker zu träumen an, weil ein Traumausleger unter ihnen war. Wenn ein Ausleger anwesend ist, beginnen die Menschen, sich an ihre Träume zu erinnern.

Es ist eine interessante Tatsache, dass der junge Josef Träume noch nicht auslegen konnte. Er erzählte sie lediglich seiner Familie. *»Er sprach nämlich zu ihnen: Hört doch, was für einen Traum ich gehabt habe: Siehe, wir banden Garben auf dem Feld, und siehe, da richtete sich meine Garbe auf und blieb stehen; und siehe, eure Garben stellten sich ringsumher und warfen sich vor meiner Garbe nieder! Er hatte aber noch einen anderen Traum, den erzählte er seinen Brüdern auch und sprach: Seht, ich habe wieder geträumt, und siehe, die Sonne und der Mond und elf Sterne beugten sich vor mir nieder!«* (1Mo 37,6–7.9).

Weil Josef noch so jung war, platzte er einfach mit seinen Träumen vor seinen Familienangehörigen heraus und die wurden sauer auf ihn, weil sie die Botschaft verstanden. Die Eltern und die Brüder legten Josefs Träume aus. Warum ist das so?

Joel sagt, dass die jungen Männer Visionen haben werden und die alten Männer Träume. Der Gedanke hinter Joels Aussage ist das Prinzip der Reife. Träume sind meist symbolischer Natur und es braucht Reife, um sie auszulegen. In der jüdischen Tradition werden Jungen im Alter von dreizehn Jahren zu Männern, doch erst wenn sie vierzig sind, werden sie als reif angesehen.

EIN VERTIEFTER BLICK AUF TRÄUME

Gottes unvergänglicher Same

Warum sollte Gott in Träumen zu uns sprechen? Wir sind Geistwesen und Gott hat seinen Samen in jeden Menschen hineingelegt. Auch wenn Menschen nicht an Gott glauben, bleibt sein Same unauslöschlich in ihnen. »*Ihr seid doch als neue Menschen wiedergeboren worden, aber diesmal nicht gezeugt durch den Samen von sterblichen Menschen, sondern durch das Wort Gottes, das lebt und für immer bestehen bleibt*« (1Petr 1,23 GNB). Für mich ist völlig klar, dass egal, ob jemand sich Christ nennt oder nicht, jedes menschliche Herz in Zeiten äußerster Not zu Gott zurückkehrt. Die Ungläubigen rufen dann zu Gott um Hilfe oder sie verfluchen ihn.

Für die Erretteten wird er zum Zufluchtsort, doch für die Ungläubigen wird er zu jemandem, an dem sie ihre Wut auslassen können. Jedem Menschen wurde ein Maß an Glauben gegeben, um das Heil zu empfangen oder seinen Namen anzurufen. Römer 12,3 (ELB): »*... sondern darauf bedacht zu sein, dass er besonnen sei, wie Gott einem jeden das Maß des Glaubens zugeteilt hat.*« Der unvergängliche Same, den Gott in jeden von uns gesät hat, erweckt ein Gottesbewusstsein in uns und wird zur Triebfeder von Träumen in jedem. Unser geistliches Ich ist selbst im nicht erretteten Zustand sensibel für Gott, und deswegen benutzt Gott Träume, um mit den Menschen zu kommunizieren.

Der Einfluss von Furcht auf Träume

Es gibt Träume, die von Ängsten ausgelöst werden. »*Denn wo viel Mühe ist, da kommen Träume, und wo viel Worte sind, da hört man den Toren*« (Pred 5,2 LUT). Prediger zeigt uns, dass Angst und Furcht von unserer Seele auf unsere Träume übergehen und dann Albträume verursachen. Gott nimmt sich unserer im Schlaf an und dies ganz besonders in stressigen Zeiten. Er benutzt Träume, um uns Heilung und Befreiung zu schenken. Manchmal müssen wir im Schlaf sein, damit unsere Seele umgangen werden kann und dieser Dienst an Stellen in unserem Leben gelangen kann, die Heilung und Wiederherstellung benötigen.

Träume, Visionen und das »innere Zeugnis«

Gott sprach zu Aaron und Miriam und sagte: »*Hört meine Worte! Wenn es bei euch einen Propheten gibt, so gebe ich mich ihm in einer Vision als der HERR zu erkennen, im Traum rede ich mit ihm*« (4Mo 12,6 EÜ). Wir sehen, dass Gott zu prophetisch begabten Menschen oft durch Träume und Visionen redet. Wir lesen ebenfalls, dass König Saul in einer Zeit großer Schwierigkeiten mit den Philistern versuchte, Samuels Geist zu erwecken weil der Herr nicht mehr mit ihm war. »*Und der König sagte zu ihr: Fürchte dich nicht! Nun, was siehst du? Die Frau antwortete Saul: Ich sehe einen Geist aus der Erde heraufsteigen. Er sagte zu ihr: Wie sieht er aus? Und sie antwortete: Ein alter Mann steigt herauf. Er ist in ein Oberkleid gehüllt. Da erkannte Saul, dass es Samuel war, und er neigte sich mit seinem Gesicht zur Erde und fiel nieder. Und Samuel sprach zu Saul: Warum hast du meine Ruhe gestört, dass du mich heraufkommen lässt? Und Saul antwortete: Ich bin in großer Bedrängnis! Denn die Philister kämpfen gegen mich, und Gott ist von mir gewichen und antwortet mir nicht mehr, weder durch Propheten noch durch Träume. Da ließ ich dich rufen, damit du mir zu erkennen gibst, was ich tun soll«* (1Sam 28,13–15). Nicht einmal die traditionellen Urim- und Thummim-Steine zeigten Saul Gottes Willen. Urim und Thummim waren Steine, mit deren Hilfe die Priester Antworten von Gott für Menschen einholten. *»Und du sollst in das Brustschild des Rechtsspruchs die Urim und Thummim legen, damit sie auf dem Herzen Aarons sind, wenn er hineingeht vor den HERRN; und so soll Aaron den Rechtsspruch der Kinder Israels beständig auf seinem Herzen tragen vor den HERRN«* (2Mo 28,30). Urim und Thummim bedeuten so viel wie »Lichter und Vervollkommnung« (Offenbarung und Wahrheit) und das hebräische Wort Arrim bedeutet »Flüche« und t-m-m bedeutet »Unschuld« (unschuldig oder schuldig). *»Und Saul sprach zum HERRN: Gott Israels, warum hast du deinem Knecht heute nicht geantwortet? Liegt die Schuld bei mir oder bei meinem Sohn Jonatan, HERR, Gott Israels, so gib das Los ›Licht‹; liegt die Schuld aber an deinem Volk Israel, so gib das Los ›Recht‹. Da fiel das Los auf Jonatan und Saul, aber das Volk ging frei aus«* (1Sam 14,41 LUT).

Die Steine waren auf einer Seite rundlich und flach auf der anderen. Die Priester warfen sie in die Höhe und baten Gott, ihnen zu zeigen, ob sie kämpfen sollten oder nicht. Wenn die Steine auf der flachen Seite landeten, war die Antwort »Ja« und wenn sie auf der rundlichen Seite landeten, war die Antwort »Nein«. Wenn die Steine unterschiedlich fielen, sodass eine runde und eine flache Seite oben war, bedeutete dies, dass etwas nicht stimmte, dass es im Lager vielleicht Sünde gab. Die Leute wurden dann angewiesen, ihre Angelegenheiten zu bereinigen und danach wieder vor den Herrn zu kommen.

Im ersten Kapitel der Apostelgeschichte wurde das Los geworfen, um Gottes Willen darüber zu erfahren, wer den Platz als Apostel anstelle von Judas einnehmen sollte. Dann beteten sie: *»Du, Herr, kennst die Herzen aller; zeige, wen von diesen beiden du erwählt hast, diesen Dienst und dieses Apostelamt zu übernehmen! Denn Judas hat es verlassen und ist an den Ort gegangen, der ihm bestimmt war. Sie warfen das Los über sie; das Los fiel auf Matthias und er wurde den elf Aposteln zugezählt«* (Apg 1,24–26).

Diese Methode wurde angewandt bis zum Pfingstfest, als der Heilige Geist ausgegossen wurde. Urim und Thummim sind in unserem Geist. Sie sind das »innere Zeugnis«, durch das der Heilige Geist wirkt. Es ähnelt dem sogenannten »Bauchgefühl«, ein positives/negatives oder neutrales Gefühl. Wenn jemand zu uns sagt: »Ich möchte ein Auto kaufen« und wir in unserem Geist ein »Okay« haben, dann ist es das geistliche Urim und Thummim in uns, das der Heilige Geist benutzt.

Traummuster

Es ist wichtig, dass wir herausfinden, in welche Kategorie ein Traum gehört. Ein Traum kann persönlicher Natur sein, er kann für jemand anderen sein oder sogar einer größeren Menschengruppe gelten. Indem wir unsere Träume genauer betrachten, bemerken wir zunehmend die Rhythmen oder Muster unserer Traumwelt. In diesem Prozess spielen wir eine entscheidende Rolle, indem wir verstehen, was unser Leben zutiefst beeinflusst. Ein wunderbares Beispiel, um das eben Gesagte zu veranschaulichen, ist der Traum, den der Pharao von Ägypten hatte. Er träumte von sieben fetten und sieben mageren Kühen. Weil er der Herrscher seines Landes war, hatte der Traum eine Bedeutung für sein ganzes Königreich. Hätte ein Pastor den gleichen Traum, könnte dies auf eine notwendige Korrektur in seiner Herde oder auch in seinem pastoralen Dienst und der Versorgung dieser Herde hindeuten. So kann ein und derselbe Traum eine völlig unterschiedliche Funktion und Anwendung haben. Dieser Traum betraf nicht das persönliches Leben, sondern den jeweiligen Dienstbereich.

Wenn Gott uns in eine geistlich verantwortungsvolle Position beruft, zum Beispiel in der Leiterschaft, der Fürbitte, im prophetischen Dienst etc., ist es möglich, dass unsere Träume auf die Menschen ausgerichtet werden, denen wir dienen, und uns so Antworten auf unsere Gebete und für unseren Dienst geben. Das Muster von Träumen zu entdecken, ist ein wichtiger Schlüssel zu deren Interpretation.

In meinem eigenen Leben redet Gott selten durch Träume zu mir. Pastor Hennie van Niekerk hingegen, mein Freund und Vorgänger, war in Afrika weithin als »Traum-Onkel« bekannt, weil er über viele Jahre hinweg eine große Begabung zur Traumdeutung hatte. Wenn Gott jedoch durch einen Traum zu mir spricht, dann geht es nie um mein persönliches Leben, sondern immer um die Gemeinde, in der ich dienen werde.

Diese Träume betreffen niemals vergangene Besuche, sondern sind immer Vorbereitung für kommende Besuche. Durch Ausprobieren musste ich mein eigenes, individuelles Traummuster herausfinden. Nun, da ich die Weisheit habe, den Rhythmus zu verstehen, hinterfrage ich im Licht des Traums nicht mehr mein eigenes Leben, sondern weiß, dass der Traum für Menschen ist, die ich besuchen werde, so seltsam der Traum auch immer sein mag.

Ein Beispiel: Es gab da in Südafrika diesen hoch angesehenen Pastor einer sehr großen Gemeinde. Ich hatte schon viele Male in seiner Gemeinde gedient, doch einmal hatte ich vor einem anstehenden Besuch dort einen Traum. Ich träumte, dass ich an der Küste stand und ein Schiff vorbeifahren sah. Ein Stück weiter war ein schmaler Fluss, der ins Meer mündete. Als das Schiff vorbeigefahren war, änderte es plötzlich die Richtung und segelte den schmalen Fluss aufwärts. Ich sah, wie Menschen auf dem Schiff tranken, sich mit Glücksspiel und anderen schlechten Dingen beschäftigten. Das Wasser im Fluss wurde weniger, sodass das Schiff auf Grund lief und drohte, umzukippen. Viele Menschen stiegen aus. Jedes Symbol in diesem Traum hat eine Bedeutung: Das Schiff auf dem Meer war der Dienst des Pastors an der Welt. Ein großes Schiff segelt nicht einen schmalen Fluss stromaufwärts; daher ging der Dienst in die falsche Richtung (bog falsch ab). Die Menschen waren mit den falschen Dingen beschäftigt, und dass eine große Menge das Schiff verließ, zeigte mir, dass sich Rebellion zusammenbraute, was schließlich zur Gemeindespaltung führte.

Der Pastor war nicht anwesend, als ich in seiner Gemeinde predigte, und so bat ich um ein Treffen. Ich legte ihm meinen Traum dar und sah seinen beunruhigten Gesichtsausdruck. Dies ist nun schon viele Jahre her, doch ich erinnere mich noch genau, was er sagte: »Das kann ich nicht nachvollziehen. Wir haben schon seit vielen Jahren dieselben Mitarbeiter und es hat noch nie Schwierigkeiten in unserer Gemeinde gegeben.« Er hatte großes Zutrauen in die geistliche Leiterschaft seiner Gemeinde, doch knapp drei Monate später verließ fast die Hälfte der Mitglieder die Gemeinde. Es gab eine große Spaltung, mit der er zurechtkommen musste. Weil dieser Pastor großen Glauben hatte und Gott vertraute, wurde sein Dienst wiederhergestellt. Ich hatte den Traum und es erforderte keinerlei Glauben von meiner Seite. Ich hatte keine Kontrolle über den Traum, außer der Auslegung.

Traumsymbole

Menschen haben mir schon oft die Probleme offenbart, mit denen sie gerade kämpfen, indem sie mir ihre Träume erzählten. Einmal sagte jemand zu mir: »Pastor, ich hatte letzte Nacht einen Traum. Da war ein Schwein in meinem Bett!« – »Oh, dann hast du sexuelle Probleme.« – »Woher weißt du das?« – »Du hast es mir gerade gesagt. Ein Schwein ist unrein und es ist in deinem Bett! Eigentlich ganz einfach.«

Die Symbole sind da und sie erzählen eine Geschichte. Es ist wichtig zu verstehen, dass manche Symbole, bei denen wir ein komisches Gefühl haben oder wegen derer wir uns schämen, häufig nicht dieselbe Bedeutung haben wie in der Realität. Zum Beispiel deutet sexuelle Aktivität in einem Traum auf Vermehrung hin und nicht auf Sex an sich. Wir sollen uns geistlich vermehren. Oder Toiletten: Vielen Menschen ist es dermaßen peinlich, uns zu sagen, dass sie in ihrem Traum im Bad oder auf der Toilette waren. Doch Bad und Toilette sind Orte der Befreiung, Heilung und Reinigung. Jeder Raum des Hauses hat eine andere Bedeutung.

Wir müssen unbedingt vollständig verstehen, dass Symbole in Träumen nicht immer das bedeuten, was wir denken, besonders wenn der Traum symbolischer Natur ist. Ist der Traum wörtlich zu verstehen, müssen wir genau auf die Symbole und Muster achten, die der Traum uns signalisiert. Manchmal sind unsere Träume weder symbolisch noch wörtlich zu verstehen, sondern vermitteln uns lediglich ein Gefühl oder einen Eindruck, wie im Fall von Pontius Pilatus' Frau. Als sie aufwachte, ging sie zu ihrem Mann und sagte: »Habe nichts zu schaffen mit Jesus. Ich hatte letzte Nacht einen Traum von ihm.« Die Bibel nennt keine Details zu ihrem Traum, doch können wir davon ausgehen, dass er nicht symbolisch war, denn sie wusste, dass es Jesus war. Der Traum trug eine eindringliche Warnung in sich. Er beunruhigte sie zutiefst und sie sagte: »Ich warne dich, dieser Mann bringt Ärger.« (Gott sei Dank für Ehefrauen, die ihren Männern helfen. Sie stehen für gewöhnlich etwas abseits von den täglichen Belangen und Ängsten ihrer Ehemänner und können so Gottes Wort unverfälscht weitergeben.) Pilatus hatte über Jesu Schuld zu entscheiden und seine Frau sagte: »Sei gewarnt.« Durch ihre Worte wurde ihm klar, dass er es hier nicht mit irgend einem dahergelaufenen Wanderprediger zu tun hatte. Gott sprach zu seiner Frau und auf seinen Schultern lastete enorme Verantwortung, deshalb wusch er auch seine Hände und entledigte sich somit jeder Konsequenz, die folgen mochte. Sofern er nicht zu einem späteren Zeitpunkt, den die Schreiber der Evangelien nicht erwähnen, doch noch Buße getan hat, wäscht er vermutlich noch immer seine Hände im Höllenfeuer, da er dann weiterhin für seine Taten verantwortlich bleibt.

Wir haben Träume mit wörtlicher Bedeutung, die uns zum Verstehen leiten, und solche, die symbolisch sind. Ein Traum ist in seiner Gesamtheit entweder wörtlich oder symbolisch zu verstehen. Wenn es nicht so wäre, woher sollten wir dann wissen, welcher Teil eines Traumes symbolisch und welcher Teil wörtlich zu verstehen ist? Genau hier liegt ein großer Fehler, den viele Menschen beim Traumdeuten machen. Zum Beispiel: »Ich hatte diesen Traum von Pastor Joe Soap und seiner Frau. Sie fuhren mit dem Auto und stießen mit diesem Kerl zusammen …« Sie dachten dann, das Auto bedeute dies … und der Unfall symbolisiere jenes …, doch sie erkannten nicht, dass auch der Pastor selbst etwas symbolisierte, ebenso wie seine Frau. In unseren Träumen meinen wir vielleicht, dass unser Sohn oder unser Ehepartner etwas tut oder sagt, während es eigentlich alles symbolischer Natur ist. Sie sind nur die Verkörperung von etwas oder jemandem. Ist ein Teil des Traumes symbolisch, dann ist es der Rest ebenfalls.

Zum Beispiel das Biest mit den sieben Köpfen und den zehn Hörnern, das im Buch der Offenbarung dem Meer entsteigt: es ist entweder wörtlich oder symbolisch zu verstehen. Wir wissen, dass die Offenbarung voll von Symbolen ist, wie beispielsweise die sieben Leuchter, die für die sieben Gemeinden stehen. Wie weit geht die Symbolik? Wo ist das Ende? Ist das Zeichen des Biestes tatsächlich die Zahl 666 an meiner Hand oder meiner Stirn oder steht es eher für etwas in meiner Hand oder in meinen Gedanken, das mein Denken beherrscht? Wir müssen den ganzen Abschnitt entweder symbolisch lesen oder nicht. Es kann nicht halbe-halbe sein, weil dann niemand wissen könnte, wo die Symbolik endet und die Realität beginnt.

Als Daniel und Josef Träume deuteten, war alles symbolisch. Es war nicht teilweise symbolisch. Sogar als Josef den Traum von seinen Brüdern und deren Garben erzählte, waren die Garben Symbole für sie, wie sie sich vor Josef verneigten. Der Mond und die Sterne waren Symbole für Vater und Mutter.

Eine gute Auslegung ist die biblische Auslegung und wir werden lernen, wie wir unsere eigenen Träume deuten können.

Es ist wichtig, den Traum so schnell wie möglich aufzuschreiben, am besten sofort nach dem Aufwachen. Dann müssen wir uns eindeutig klar darüber werden, ob der Traum wörtlich oder symbolisch zu verstehen ist. Da der Herr Symbole gebraucht, um seine Botschaft mitzuteilen, und die meisten Träume symbolischer Natur sind, ist es für uns unerlässlich, Traumsymbole zu verstehen.

Zum Beispiel lesen wir in Markus und Lukas, dass Jesus über den Sämann lehrte, der das Wort säte. Die verschiedenen Böden standen für unterschiedliche Herzenshaltungen der Menschen. Es frustrierte Jesus, dass die Jünger die Symbole nicht verstanden, und er sagte, dass die Geheimnisse des Königreiches ihnen offenbart worden wären. Markus 4,13: *»Und er spricht zu ihnen: Wenn ihr dieses Gleichnis nicht versteht, wie wollt ihr dann alle Gleichnisse verstehen?«* Jesus erwartete, dass sie die Symbolik hinter dem Gleichnis verstehen würden.

Überall im Wort Gottes begegnen uns Symbole. Jesus nannte Herodes einen Fuchs. *»Und er sprach zu ihnen: Geht hin und sagt diesem Fuchs: Siehe, ich treibe Dämonen aus und vollbringe Heilungen heute und morgen, und am dritten Tag bin ich am Ziel«* (Lk 13,32). Er war ein König, warum also sollte man ihn einen Fuchs nennen? Herodes hatte die listige und grausame Natur eines Fuchses, doch vielmehr noch war der Fuchs dem Gesetz nach ein unreines Tier. Herodes war ein zwielichtiger Charakter mit zweifelhaften Moralvorstellungen und als Jesus ihn einen Fuchs nannte, spielte er damit auf seinen unreinen und anstößigen Lebenswandel an.

Jakob weissagte über Benjamin und sagte, er sei ein reißender Wolf. *»Benjamin ist ein reißender Wolf; am Morgen verzehrt er Raub, und bis zum Abend verteilt er Beute«* (1Mo 49,27).

Ein reißender Wolf ist ein aggressives Tier und der Stamm Benjamin war ein temperamentvoller und kriegerischer Stamm. Sie handelten scheußlich an einem Mann und seiner Nebenfrau in Gibea. Das ihnen zugeteilte Land lag zwischen Ephraim und Juda und dies geschah in einer sehr chaotischen Zeit der israelitischen Geschichte, als die Stämme sich gegenseitig bekämpften. Laut Richter 21,25 tat jeder, was in seinen Augen richtig war. Zu den Israeliten aus dem Stamm Benjamin gehören König Saul, Esther, Mordechai und der Apostel Paulus.

Das Wort Gottes ist voll von Symbolen und deren Bedeutung. Zum Beispiel können Bäume für Nationen, Personen oder Leiter stehen. Ein Kirschbaum kann daher für Japan stehen, ein Ahornbaum für Kanada. Eine Nation, die durch den Olivenbaum oder -zweig repräsentiert ist, ist Israel. Olivenbäume sind die Bäume, die länger leben als alle anderen Bäume. Es gibt in Israel heute Bäume, die schon zur Zeit Jesu Frucht trugen und die noch immer Frucht hervorbringen. Er symbolisiert die Langlebigkeit der Nation Israel. Die Eigenschaften eines Baumes können jedoch auch eine Botschaft vermitteln, wie wir in Offenbarung 22 sehen: Die Blätter der Bäume des Lebens dienen zur Heilung der Völker. *»In der Mitte zwischen ihrer Straße und dem Strom, von dieser und von jener Seite aus, [war] der Baum des Lebens, der zwölfmal Früchte trägt und jeden Monat seine Frucht gibt, jeweils eine; und die Blätter des Baumes dienen zur Heilung der Völker«* (Offb 22,2). Obwohl Israel dem Herrn wichtig ist, sind ihm doch auch alle anderen Völker wichtig.

Sobald wir die Botschaft verstehen, die Symbole uns vermitteln, kommen alle Puzzleteile unserer Träume an die richtige Stelle.

Wenn wir feststellen, dass unser Traummuster andere Menschen und nicht uns selbst betrifft, müssen wir die Unterscheidungsfähigkeit entwickeln, dass unsere Träume für jemand anderen sind, auch wenn wir selbst darin vorkommen. Manchmal träumen wir etwas über uns, das rein gar nichts mit uns zu tun hat, sondern mit der Person, für die wir gebetet oder der wir gedient haben. Ein gutes Beispiel ist, wenn jemand um unser Gebet bittet und wir dann träumen, dass wir Schuld tragen und im Traum sagen: »Das wollte ich doch gar nicht tun oder ich wollte gar nicht so grob oder unausstehlich sein!« In solchen Träumen offenbart Gott uns das Herz der Person, für die wir beten, und mit dieser Information können wir zielgerichtet für sie beten oder ihr dienen.

Es ist wichtig zu verstehen, dass Träume und Visionen biblisch sind und Gottes Art, uns zu dienen. Lass uns noch ein paar Symbole betrachten und verstehen, wie man sie richtig anwendet. Manche Symbole können mehr als eine Auslegung haben. Dies hängt vom Kontext ab, in dem wir den Traum haben oder die Vision sehen, und davon, in welchem Verhältnis sie zu unserem Leben stehen. Als beispielsweise Petrus ein tuchartiges Objekt niederkommen sah, sagte Gott ihm sagte, er solle die »unreinen« Tiere essen. *»Am folgenden Tag aber, als jene auf dem Weg waren und sich der Stadt näherten, stieg Petrus auf das Dach, um zu beten, etwa um die sechste Stunde. Da wurde er sehr hungrig und wollte essen. Während man aber etwas zubereitete, kam eine Verzückung über ihn. Und er sah den Himmel geöffnet und ein Gefäß zu ihm herabkommen, wie ein großes, leinenes Tuch, das an vier Enden gebunden war und auf die Erde niedergelassen wurde; darin waren all die vierfüßigen Tiere der Erde und die Raubtiere und die kriechenden Tiere und die Vögel des Himmels. Und eine Stimme sprach zu ihm: Steh auf, Petrus, schlachte und iss! Petrus aber sprach: Keineswegs, Herr! denn ich habe noch nie etwas Gemeines oder Unreines gegessen! Und eine Stimme [sprach] wiederum, zum zweiten Mal, zu ihm: Was Gott gereinigt hat, das halte du nicht für gemein! Dies geschah dreimal, und dann wurde das Gefäß wieder in den Himmel hinaufgezogen«* (Apg 10,9–16).

Jemand, der es gewohnt ist, Krokodil, Eidechse und Ähnliches zu essen, wie etwa die afrikanischen oder australischen Ureinwohner, wird vermutlich sagen: »Mmmhmm, lecker!« Doch für einen jüdischen Mann, dem vom Gesetz her nur koscheres Essen erlaubt war, war dies extrem anstößig. Unsere Lebensumstände sind nicht unbedingt mit denen anderer Menschen identisch. Gott mag einem Bauern und einem Mechaniker die gleiche Botschaft geben, doch jeweils andere Symbole dafür verwenden. Zum Mechaniker wird er vielleicht sagen: »Ich werde den Kolben austauschen, der überhitzt ist und nicht richtig funktioniert.« Zum Bauern hingegen sagt er vielleicht: »Ich bring das Problem mit der Saat in Ordnung, die vom Wind weggeweht worden ist.« Die gleiche Botschaft, doch unterschiedliche Symbole.

Wir wachen morgens auf und denken vielleicht, dass wir nur von der Fernsehsendung oder dem Film von gestern Abend geträumt haben, doch Gott nutzt, was unserem Bezugsrahmen am nächsten ist, um uns eine Botschaft mitzuteilen. Auch hier ist Petrus ein gutes Beispiel. Er war hungrig, sah das Tuch gefüllt mit unreinen Tieren und hörte eine Stimme, die ihm befahl zu essen. Gott hätte ihm auf tausend verschiedene Arten sagen können, er solle zu den Nichtjuden gehen, weil sie in seinen Augen nicht unrein sind. Doch stattdessen gebrauchte er das unmittelbare Gefühl von Hunger, das Petrus hatte, um ihm seine Botschaft zu vermitteln. Petrus dachte vermutlich: »Ich muss wirklich sehr hungrig sein, wenn ich schon Visionen von solchen Tieren bekomme, die ich essen soll!« An diesem Punkt hätte man es leicht als überbordende Vorstellungskraft abtun können. Viele Leute haben Träume und Visionen schon abgetan, weil sie Szenarien beinhalteten, die sich am Vorabend ereignet hatten, wie zum Beispiel Gespräche mit bestimmten Personen oder Dinge, die sie gesehen hatten, doch Gott gebraucht solche Erfahrungen als Werkzeuge, um mit uns zu kommunizieren. Unsere Kommunikationsfähigkeiten sind sehr begrenzt, wohingegen Gottes unbegrenzt sind. Wenn wir mit Kindern sprechen, dann in einer einfachen Weise, sodass sie es verstehen. Genauso ist es mit unseren Träumen und der Art wie Gott kommuniziert, damit wir verstehen und den Sinn erfassen.

Zusätzliche Schriftstellen zu Träumen und Visionen

Altes Testament

1. Mose 28,12–15: Und er hatte einen Traum; und siehe, eine Leiter war auf die Erde gestellt, die reichte mit der Spitze bis an den Himmel. Und siehe, auf ihr stiegen die Engel Gottes auf und nieder. Und siehe, der HERR stand über ihr und sprach: Ich bin der HERR, der Gott deines Vaters Abraham und der Gott Isaaks; das Land, auf dem du liegst, will ich dir und deinem Samen geben. Und dein Same soll werden wie der Staub der Erde, und nach Westen, Osten, Norden und Süden sollst du dich ausbreiten; und in dir und in deinem Samen sollen gesegnet werden alle Geschlechter der Erde! Und siehe, ich bin mit dir, und ich will dich behüten überall, wo du hinziehst, und dich wieder in dieses Land bringen. Denn ich will dich nicht verlassen, bis ich vollbracht habe, was ich dir zugesagt habe!

1. Mose 31,24: Aber Gott kam nachts im Traum zu Laban, dem Aramäer, und sprach zu ihm: Hüte dich davor, mit Jakob anders als freundlich zu reden!

4. Mose 12,6: Und er sprach: Hört doch meine Worte: Wenn jemand unter euch ein Prophet des HERRN ist, dem will ich mich in einem Gesicht offenbaren oder ich will in einem Traum zu ihm reden.

5. Mose 13,1–3: Das ganze Wort, das ich euch gebiete, das sollt ihr bewahren, um es zu tun; du sollst nichts zu ihm hinzufügen und nichts von ihm wegnehmen! Wenn in deiner Mitte ein Prophet oder Träumer aufstehen wird und dir ein Zeichen oder Wunder angibt, und das Zeichen oder Wunder trifft ein, von dem er zu dir geredet hat, und er spricht [nun]: »Lasst uns anderen Göttern nachfolgen – die du nicht gekannt hast –, und lasst uns ihnen dienen!«

Richter 7,13–15: Als nun Gideon kam, siehe, da erzählte einer dem anderen einen Traum und sprach: Siehe, ich habe einen Traum gehabt; und siehe, ein Laib Gerstenbrot wälzte sich zum Lager der Midianiter; und als er an die Zelte kam, schlug er sie und warf sie nieder, sodass sie umstürzten; und er kehrte sie um, das Unterste zuoberst, und die Zelte lagen da! Da antwortete der andere: Das ist nichts anderes als das Schwert Gideons, des Sohnes des Joas, des Israeliten: Gott hat die Midianiter samt dem ganzen Lager in seine Hand gegeben!

1. Könige 3,5–10: In Gibeon erschien der HERR dem Salomo bei Nacht im Traum. Und Gott sprach: Bitte, was ich dir geben soll! Und Salomo sprach: Du hast deinem Knecht, meinem Vater David, große Gnade erwiesen, wie er denn vor dir gewandelt ist in Wahrheit und Gerechtigkeit und mit aufrichtigem Herzen dir gegenüber, und du hast ihm diese große Gnade bewahrt und ihm einen Sohn gegeben, der auf seinem Thron sitzt, wie es an diesem Tag [offenbar] ist. Weil du nun, o HERR, mein Gott, deinen Knecht zum König gemacht hast anstelle meines Vaters David, ich aber ein junger Bursche bin, der weder aus- noch einzuziehen weiß; und weil dein Knecht mitten unter deinem Volk ist, das du erwählt hast, einem Volk, das so groß ist, dass es vor Menge niemand zählen noch berechnen kann – so gib du deinem Knecht doch ein verständiges Herz, dass er dein Volk zu richten versteht und unterscheiden kann, was Gut und Böse ist. Denn wer kann dieses dein großes Volk richten? Und es war dem HERRN wohlgefällig, dass Salomo um dies bat.

Hiob 33,14–18: Sondern Gott redet einmal und zum zweiten Mal, aber man beachtet es nicht. Im Traum, im Nachtgesicht, wenn tiefer Schlaf die Menschen befällt und sie auf ihren Lagern schlummern, da öffnet er das Ohr der Menschen und besiegelt seine Warnung an sie, um den Menschen von seinem Tun abzubringen und den Mann vor dem Hochmut zu bewahren, damit er seine Seele vom Verderben zurückhalte, und sein Leben davon, in den Wurfspieß zu rennen.

Jesaja 29,7–8: Und wie ein Traum, wie ein Nachtgesicht wird die Menge aller Völker sein, die gegen Ariel zu Felde ziehen, und alle, die gegen ihn und seine Festung Krieg führen und ihn bedrängen. Und es wird geschehen: Wie der Hungrige träumt, er esse, und wenn er erwacht, ist sein Verlangen ungestillt; oder wie der Durstige träumt, er trinke, und wenn er erwacht, so ist er matt und seine Seele lechzt – so wird es der Menge der Heidenvölker ergehen, die Krieg führen gegen den Berg Zion!

Jeremia 23,23–29: Bin ich denn nur Gott in der Nähe, spricht der HERR, und nicht auch Gott in der Ferne? Oder kann sich jemand so heimlich verbergen, dass ich ihn nicht sehe?, spricht der HERR. Erfülle ich nicht den Himmel und die Erde?, spricht der HERR. Ich habe gehört, was die Propheten reden, die in meinem Namen Lügen weissagen und sprechen: »Ich habe einen Traum gehabt, ich habe einen Traum gehabt!« Wie lange soll das noch gehen? Soll etwa die falsche Weissagung im Herzen der Propheten bleiben? Und die Propheten, die selbst erfundenen Betrug weissagen, haben sie nicht im Sinn, bei meinem Volk meinen Namen in Vergessenheit zu bringen durch die Träume, die sie einander erzählen, gleichwie ihre Väter meinen Namen vergessen haben über dem Baal? Der Prophet, der einen Traum hat, der erzähle den Traum; wer aber mein Wort hat, der verkündige mein Wort in Wahrheit! Was hat das Stroh mit dem Weizen gemeinsam?, spricht der HERR. Ist mein Wort nicht wie ein Feuer, spricht der HERR, und wie ein Hammer, der Felsen zerschmettert?

Daniel 2,27–28: Daniel antwortete vor dem König und sprach: Das Geheimnis, nach dem der König fragt, können Weise, Wahrsager, Traumdeuter oder Zeichendeuter dem König nicht verkünden; aber es gibt einen Gott im Himmel, der Geheimnisse offenbart; der hat den König Nebukadnezar wissen lassen, was am Ende der Tage geschehen soll. Mit deinem Traum und den Gesichten deines Hauptes auf deinem Lager verhielt es sich so:

Daniel 4,4–6: Sogleich kamen die Traumdeuter, Wahrsager, Chaldäer und Zeichendeuter herbei, und ich erzählte vor ihnen den Traum; aber sie konnten mir seine Deutung nicht verkünden, bis zuletzt Daniel vor mich kam, der Beltsazar heißt nach dem Namen meines Gottes, und in welchem der Geist der heiligen Götter ist; vor dem erzählte ich meinen Traum: Beltsazar, du Oberster der Schriftkundigen, von dem ich weiß, dass der Geist der heiligen Götter in dir ist und dass kein Geheimnis dir zu schwierig ist, [vernimm] das Traumgesicht, das ich gesehen habe, und sage mir, was es bedeutet!

Daniel 7,1: Im ersten Jahr Belsazars, des Königs von Babel, hatte Daniel einen Traum und Gesichte seines Hauptes auf seinem Lager. Er schrieb den Traum sogleich auf, und dies ist der vollständige Bericht:

Amos 3,7: Nein, GOTT, der Herr, tut nichts, ohne dass er sein Geheimnis seinen Knechten, den Propheten, geoffenbart hat.

Sacharja 10,2: Denn die Teraphim haben leere Versprechungen gemacht, und die Wahrsager haben Lügen geschaut, und sie erzählen erlogene Träume und spenden leeren Trost. Darum sind sie fortgelaufen wie Schafe; sie sind im Elend, weil kein Hirte da ist.

Neues Testament

Matthäus 1,20: Während er aber dies im Sinn hatte, siehe, da erschien ihm ein Engel des Herrn im Traum, der sprach: Joseph, Sohn Davids, scheue dich nicht, Maria, deine Frau, zu dir zu nehmen; denn was in ihr gezeugt ist, das ist vom Heiligen Geist.

Matthäus 2,11–15: Und sie gingen in das Haus hinein und fanden das Kind samt Maria, seiner Mutter. Da fielen sie nieder und beteten es an; und sie öffneten ihre Schatzkästchen und brachten ihm Gaben: Gold, Weihrauch und Myrrhe. Und da sie im Traum angewiesen wurden, nicht wieder zu Herodes zurückzukehren, zogen sie auf einem anderen Weg zurück in ihr Land. Als sie aber weggezogen waren, siehe, da erscheint ein Engel des Herrn dem Joseph im Traum und spricht: Steh auf, nimm das Kind und seine Mutter mit dir und fliehe nach Ägypten und bleibe dort, bis ich es dir sage; denn Herodes will das Kind suchen, um es umzubringen! Da stand er auf, nahm das Kind und seine Mutter bei Nacht mit sich und entfloh nach Ägypten. Und er blieb dort bis zum Tod des Herodes, damit erfüllt würde, was der Herr durch den Propheten geredet hat, der spricht: »Aus Ägypten habe ich meinen Sohn gerufen«.

Lukas 1,10–13: Und die ganze Menge des Volkes betete draußen zur Stunde des Räucherns. Da erschien ihm ein Engel des Herrn, der stand zur Rechten des Räucheraltars. Und Zacharias erschrak, als er ihn sah, und Furcht überfiel ihn. Aber der Engel sprach zu ihm: Fürchte dich nicht, Zacharias! Denn dein Gebet ist erhört worden, und deine Frau Elisabeth wird dir einen Sohn gebären, und du sollst ihm den Namen Johannes geben.

Apostelgeschichte 9,10–12: Es war aber in Damaskus ein Jünger namens Ananias. Zu diesem sprach der Herr in einem Gesicht: Ananias! Er sprach: Hier bin ich, Herr! Der Herr sprach zu ihm: Steh auf und geh in die Gasse, die man »die Gerade« nennt, und frage im Haus des Judas nach einem [Mann] namens Saulus von Tarsus. Denn siehe, er betet; und er hat in einem Gesicht einen Mann namens Ananias gesehen, der hereinkam und ihm die Hand auflegte, damit er wieder sehend werde.

Apostelgeschichte 10,1–6: In Cäsarea lebte aber ein Mann namens Kornelius, ein Hauptmann der Schar, die man »die Italische«

nennt; der war fromm und gottesfürchtig mit seinem ganzen Haus und gab dem Volk viele Almosen und betete ohne Unterlass zu Gott. Der sah um die neunte Stunde des Tages in einem Gesicht deutlich einen Engel Gottes zu ihm hereinkommen, der zu ihm sprach: Kornelius! Er aber blickte ihn an, erschrak und sprach: Was ist, Herr? Er sprach zu ihm: Deine Gebete und deine Almosen sind hinaufgekommen vor Gott, sodass er ihrer gedacht hat! Und nun sende Männer nach Joppe und lass Simon holen mit dem Beinamen Petrus. Dieser ist zu Gast bei einem Gerber Simon, dessen Haus am Meer liegt; der wird dir sagen, was du tun sollst!

Apostelgeschichte 26,12–14;19: Als ich dabei mit Vollmacht und Erlaubnis von den obersten Priestern auch nach Damaskus reiste, da sah ich mitten am Tag auf dem Weg, o König, vom Himmel her ein Licht, heller als der Glanz der Sonne, das mich und meine Reisegefährten umleuchtete. Als wir aber alle zur Erde fielen, hörte ich eine Stimme zu mir reden und in hebräischer Sprache sagen: Saul! Saul! Warum verfolgst du mich? Es wird dir schwer werden, gegen den Stachel auszuschlagen! … Daher, König Agrippa, bin ich der himmlischen Erscheinung nicht ungehorsam gewesen.

Apostelgeschichte 16,9–10: Und in der Nacht erschien dem Paulus ein Gesicht: Ein mazedonischer Mann stand vor ihm, bat ihn und sprach: Komm herüber nach Mazedonien und hilf uns! Als er aber dieses Gesicht gesehen hatte, waren wir sogleich bestrebt, nach Mazedonien zu ziehen, indem wir daraus schlossen, daß uns der Herr berufen hatte, ihnen das Evangelium zu verkündigen.

Apostelgeschichte 18,9–11: Und der Herr sprach durch ein Gesicht in der Nacht zu Paulus: Fürchte dich nicht, sondern rede und schweige nicht! Denn ich bin mit dir, und niemand soll sich unterstehen, dir zu schaden; denn ich habe ein großes Volk in dieser Stadt! Und er blieb ein Jahr und sechs Monate dort und lehrte unter ihnen das Wort Gottes.

PRAXIS

Wie man Träume interpretiert

Mittlerweile sollten wir unseren Traumrhythmus verstanden haben. Träumen wir symbolisch, wörtlich, haben wir angsterfüllte und rückwärtsgewandte Träume über die Dinge in unserem Leben? Die meisten Träume sind symbolisch. Kommen wir nun also zum Vorgehen bei der Traumdeutung.

Schreibe zuallererst den Traum ganz genau auf.

1. Unterstreiche jedes Tier und jedes Objekt (Dinge), die erkennbar sind.
2. Markiere oder kreise alle Personen ein. Einer der häufigsten Fehler beim Traumdeuten ist, die Symbolik hinter jedem Tier, jeder Wolke und sogar jeder Farbe zu erkennen, doch bei Personen zu denken, sie seien wörtlich zu verstehen. Ehepartner, Kinder, Freunde und sogar Fremde sind symbolisch zu deuten, wenn der Rest des Traumes symbolischer Natur ist. Unterschiedliche Menschen symbolisieren unterschiedliche Dinge in unserem Leben. Genau das müssen wir herausfinden.
3. Sobald alles unterstrichen ist, kannst du im Traum-Wörterbuch am Ende dieses Buches oder in einer Konkordanz Bibelstellen zu diesen Symbolen nachschlagen.
4. Nachdem du alles gründlich untersucht hast, übergib es Gott im Gebet und bitte ihn um Führung, damit du die Botschaft verstehst, die er dir zukommen lassen wollte.

Beispiele

Dinge

Eine Person träumte von einem roten oder braunen Hund, der sie beißen wollte. Ich sagte zu demjenigen, dass er durch Verletzungen, Beleidigungen oder Konfrontationen zurückzufallen, die Gemeinde zu verlassen und Gott nicht mehr zu dienen droht. Er fragte mich daraufhin, woher ich das wisse. Da der Traum insgesamt negativ ist, müssen wir die negativen Interpretationen des Hundes und der Farben betrachten. Der Hund steht für Zwietracht und Zerrissenheit und die Bibel sagt uns, dass ein Hund zu seinem Erbrochenen zurückkehrt, was auf eine Abkehr oder einen Rückschritt schließen lässt. Die Farbe des Hundes ist ebenfalls wichtig. Braun ist leblos, ohne Geist, und Rot deutet auf Ärger und Hass hin.

Ein Hund im Traum kann ein Geist der Abkehr sein: »*Doch es ist ihnen ergangen nach dem wahren Sprichwort: ›Der Hund kehrt wieder um zu dem, was er erbrochen hat, und die gewaschene Sau zum Wälzen im Schlamm*‹« (2Petr 2,22) oder sogar Aggression: »*Es packt einen Hund bei den Ohren, wer sich im Vorbeigehen in einen Streit mischt, der ihn nichts angeht*« (Spr 26,17). Hunde werden auch als anmutig beschrieben: »*Drei haben einen stattlichen Gang, und vier gehen stolz einher: der Löwe, mächtig unter den Tieren und kehrt um vor niemandem; ein Greyhound …*« (Spr 30,29–31) und als treue und zuverlässige Beschützer: »*Doch nun verspotten mich Leute, die jünger sind als ich, junge Männer, deren Väter es kaum wert gewesen wären, meine Hütehunde zu begleiten*« (Hiob 30,1). Wenn wir Hunde in Träumen oder Visionen genauer untersuchen, müssen wir beachten, welche Art von Hund es ist und was er tut.

Wie vorhin schon erwähnt, können wir Bibelstellen auch in Konkordanzen nachschlagen, um die Symbole in unseren Träumen zu verstehen, doch was ist, wenn ein Tier nicht in der Bibel erwähnt wird? Was wissen wir über das Wesen dieses Tieres, zum Beispiel eines Opossums. Opossums sind keine aggressiven Tiere, sie erscheinen eher ruhig und freundlich und verstecken sich in Bäumen. Doch was geschieht, wenn wir »Opossum spielen«? Wir stellen uns tot und vermitteln damit einen Eindruck, der nicht der Wahrheit entspricht. Das Wesen des Opossums ist, etwas vorzutäuschen oder vorzuspielen, um zu überzeugen, zu lügen und zu täuschen. Wir wissen alle, dass die Schlange den Feind im Wort Gottes symbolisiert. Deshalb können wir immer das Wesen eines Tieres und sein Verhalten in unserem Traum betrachten.

Schauen wir uns nun Farben genauer an. Ich weiß, es gibt Leute, die den Regenbogen für das Symbol der New-Age-Bewegung halten, doch Gott ist der Schöpfer des Regenbogens! In Hesekiel lesen wir, dass die Herrlichkeit, die Gott umgibt, einem Regenbogen ähnelt. »*Und oberhalb der [Himmels-]Ausdehnung, die über ihren Häuptern war, war das Gebilde eines Thrones, anzusehen wie ein Saphirstein. Oben auf dem Gebilde des Thrones aber saß eine Gestalt, anzusehen wie ein Mensch. Ich sah auch etwas wie Goldschimmer, wie das Aussehen eines Feuers inwendig ringsum; von der Erscheinung seiner Lenden nach oben hin und von der Erscheinung seiner Lenden nach unten hin sah ich wie das Aussehen eines Feuers, und ein Glanz war rings um ihn her. Wie der Bogen aussieht, der an einem Regentag in den Wolken erscheint, so war auch der Glanz ringsum anzusehen. So war das Aussehen der Erscheinung der Herrlichkeit des HERRN. Als ich sie sah, fiel ich auf mein Angesicht; und ich hörte die Stimme von einem, der redete*« (Hes 1,26–28).

Wir interpretieren die symbolische Bedeutung von Farben gemäß ihrer Stellung im Regenbogen und ihrer Nähe zum Herrn.

Die Farbe, die Gott am nächsten ist, ist Violett, also ist dies die Gottes-Farbe. Man beachte, dass alle Farben in den priesterlichen Gewändern vorkamen, außer Schwarz. Jede Farbe ist schon in der einen oder anderen Weise für Gottes Zwecke genutzt worden, doch Violett ist Gott am nächsten. Nach Violett kommen Blau-, Grün-, Gelb- und Rot-Töne. Je weiter sie von Gott entfernt sind, desto fleischlicher und weltlicher sind die Farben. Jedes Symbol ist vielseitig und kann mehr als eine Bedeutung haben. Die Umgebung und die Atmosphäre, die um die Dinge im Traum geschaffen werden, bestimmen darüber, ob wir eher einer positiven oder einer negativen Deutung zuneigen. Die Farbe Rot etwa. Offenbarung 12,11: *»Und sie haben ihn überwunden um des Blutes des Lammes und um des Wortes ihres Zeugnisses willen und haben ihr Leben nicht geliebt bis in den Tod!«* In dieser Bibelstelle bezieht sich die Farbe auf das Blut Jesu, doch in Offenbarung 6 symbolisiert Rot einen Geist des Konflikts. *»Und ich sah, wie das Lamm eines von den Siegeln öffnete, und ich hörte eines von den vier lebendigen Wesen wie mit Donnerstimme sagen: Komm und sieh! Und ich sah, und siehe, ein weißes Pferd, und der darauf saß, hatte einen Bogen; und es wurde ihm eine Krone gegeben, und er zog aus als ein Sieger und um zu siegen. Und als es das zweite Siegel öffnete, hörte ich das zweite lebendige Wesen sagen: Komm und sieh! Und es zog ein anderes Pferd aus, das war feuerrot, und dem, der darauf saß, ihm wurde gegeben, den Frieden von der Erde zu nehmen, damit sie einander hinschlachten sollten; und es wurde ihm ein großes Schwert gegeben. Und als es das dritte Siegel öffnete, hörte ich das dritte lebendige Wesen sagen: Komm und sieh! Und ich sah, und siehe, ein schwarzes Pferd, und der darauf saß, hatte eine Waage in seiner Hand. Und ich hörte eine Stimme inmitten der vier lebendigen Wesen, die sprach: Ein Maß Weizen für einen Denar, und drei Maß Gerste für einen Denar; doch das Öl und den Wein schädige nicht!*

Und als es das vierte Siegel öffnete, hörte ich die Stimme des vierten lebendigen Wesens sagen: Komm und sieh! Und ich sah, und siehe, ein fahles Pferd, und der darauf saß, dessen Name ist ›der Tod‹; und das Totenreich folgt ihm nach. Und ihnen wurde Vollmacht gegeben über den vierten Teil der Erde, zu töten mit dem Schwert und mit Hunger und mit Pest und durch die wilden Tiere der Erde« (Offb 6,1–8).

Das weiße Pferd steht für unseren Herrn und Retter, das schwarze Pferd ist Satan und das rote Pferd ist ein Geist des Konflikts. Deshalb müssen wir in unseren Träumen und Visionen ganz besonders auf die Farben achten.

Das Grundprinzip ist, dass das Gott am nächsten Stehende die Farbe Gottes ist. Violett deutet immer auf die Gottheit und Herrlichkeit Gottes hin. Nach Violett kommt Blau, welches für Gottes Sohn Jesus und übernatürliche Offenbarungen steht. Wenn wir von einem Flugzeug träumen, das durch einen blauen Himmel fliegt, kann das für einen prophetischen Dienst oder eine Offenbarung stehen, da es sehr hoch fliegt, mit offenbarender Fähigkeit. Paulus sagt, dass er in den dritten Himmel oder das Paradies entrückt war, wo er Worte von so großer Heiligkeit hörte, dass man sie nicht nachsprechen kann und ihm Offenbarungen zuteilwurden, über die er nicht sprechen kann. »*Ich weiß von einem Menschen in Christus, der vor 14 Jahren (ob im Leib oder ob außerhalb des Leibes, ich weiß es nicht; Gott weiß es) bis in den dritten Himmel entrückt wurde* (2Kor 12,2).

Alle Fahrzeuge stehen entweder für eine Arbeit oder einen Dienst. Auch wenn wir heutzutage Pferde nicht mehr so häufig verwenden, stehen sie im Wort Gottes auch für eine Arbeitssituation oder einen Dienst. Verschiedene Fahrzeuge haben verschiedene Funktionen. Ein Lastwagen hat eine andere Funktion als ein Motorrad, ein Zug oder ein Flugzeug. Es ist auch enorm wichtig, was das Fahrzeug macht. Zum Beispiel: Startet das Flugzeug oder landet es? Fliegt es ruhig oder ist es in Turbulenzen?

Es kann gut sein, dass wir oft von Fahrzeugen träumen, weil sie für uns vertraute Dinge unseres täglichen Lebens sind. Wir müssen herausfinden, wohin das Auto fährt und sogar, ob es links oder rechts herum fährt. Die Richtung, in die ein Auto fährt, kann Genauigkeit symbolisieren, Verlassen oder Ankommen. Von links nach rechts bedeutet normalerweise Ankommen und von rechts nach links Verlassen.

Menschen

Sobald wir alle Gegenstände gedeutet haben, müssen wir die Menschen erkennen, die im Traum vorkommen. In der Deutung von Träumen und Visionen Menschen richtig zuzuordnen, ist ein entscheidender Vorgang, der viel Feingefühl erfordert. Hierin liegt der tiefste Teil der Offenbarung. Vielleicht träumen wir, dass unser Pastor versucht, uns anzurufen und wir ständig seinen Anruf verpassen. Der Pastor symbolisiert Gott in unserem Leben, da er unser geistlicher Leiter und unser geistlicher Schutz ist. Durch seine Botschaften bringt er uns Gott näher. Im Traum symbolisiert er Gott, der mit uns kommunizieren will, wir aber hören oder verstehen ihn nicht. Vielleicht verbringen wir nicht genug Zeit in Gottes Gegenwart, um zu hören, was er uns sagen möchte. Eigentlich ist es gar nicht so schwer, wenn wir erst einmal verstanden haben, wo jedes Puzzleteil hingehört. Wäre es die Frau des Pastors, die versucht, uns anzurufen, bedeutete dies, dass die Gemeinde Gottes uns erreichen will und wir nicht darauf antworten oder dass wir ihr Hilfegesuch verpassen.

Wenn wir den Menschen in unserem Leben nachgehen (unseren Geschwistern, Onkeln, Tanten, Eltern), dann müssen wir die

Eigenheiten ihrer Persönlichkeit herausfinden. Es kann sein, dass wir träumen, dass jemand etwas beispielsweise in der Gemeinde tut. Dann interpretieren wir alles außer der Person. Wie wir bereits festgestellt haben, ist in einem Traum entweder alles symbolisch oder alles wörtlich zu verstehen. Wir dürfen beides nicht vermischen. Daher müssen wir herausfinden, was diese Person für uns bedeutet, und dürfen sie nicht als sie selbst deuten.

Vielleicht haben wir einen beunruhigenden Traum von jemandem oder sogar von uns selbst. Dann müssen wir unseren Traumrhythmus bestimmen. Ist der Traum für uns oder jemand anderen? Jemand, der stark in Fürbitte ist, hat vielleicht Träume über Menschen, für die er betet, obwohl er selbst der »Protagonist« in seinem Traum ist. Im Traum tut er eventuell sogar Dinge, die nicht redlich sind. Der Traum ist dann Gottes Antwort für denjenigen, für den der Fürbitter gerade betet, also die Person, auf die seine Energie gerade ausgerichtet ist. In einem anderen Traum träumte ein Pastor von seiner Zeit in Guatemala und von jemandem, mit dem er im Missionsfeld tätig war. Im Traum symbolisierte er Leiterschaft und nicht sich selbst. Genauso wie Gott ein Tuch voller unreiner Tiere bei einem hungrigen Petrus benutzte, gebrauchte er den Pastor im Missionseinsatz, weil es genau das war, womit er zu dieser Zeit beschäftigt war. Häufig sieht ein Traum, den wir heute haben, in einem Jahr ganz anders aus. Die Auslegung mag identisch sein, doch die Symbole sind anders, weil sich unsere Umstände geändert haben.

Betrachten wir doch einmal die beiden Träume, die der Pharao hatte: unterschiedliche Traumsymbole, doch dieselbe Botschaft. »Es geschah aber nach zwei Jahren, da hatte der Pharao einen Traum, und siehe, er stand am Nil. Und siehe, aus dem Nil stiegen sieben schöne und wohlgenährte Kühe herauf, die im Nilgras weideten. Und siehe, nach diesen stiegen sieben andere Kühe aus dem Nil herauf, von hässlicher Gestalt und magerem Leib; die traten neben jene Kühe am Ufer des Nils. Und die sieben hässlichen, mageren Kühe fraßen die sieben schönen, wohlgenährten Kühe. Da erwachte der Pharao. Er schlief aber wieder ein und träumte zum zweiten Mal, und siehe, da wuchsen sieben Ähren auf einem einzigen Halm, die waren voll und gut; und siehe, nach diesen, da sprossten sieben Ähren, die waren dünn und vom Ostwind versengt. Und die dünnen Ähren verschlangen die sieben schweren und vollen Ähren. Da erwachte der Pharao, und siehe, es war ein Traum! Und es geschah am Morgen, da war sein Geist beunruhigt. Und er sandte hin und ließ alle Wahrsager Ägyptens rufen und alle seine Weisen. Und der Pharao erzählte ihnen seinen Traum; aber da war keiner, der ihn dem Pharao deuten konnte« (1Mo 41,1–8). Der Pharao musste zwei Mal träumen, er musste von Kühen und Getreide träumen: beides sind landwirtschaftliche Erzeugnisse und der Schlüssel zur Deutung der Träume. Wie wir wissen, sagte Josef dem Pharao, dass die Tatsache, dass er diese zwei verschiedenen Träume gehabt habe, darauf hindeutete, dass Gott diese Sache fest beschlossen habe. Einen Traum zwei Mal zu haben, war also etwas von äußerster Wichtigkeit. »Dass aber der Pharao den Traum zweimal hatte, das bedeutet, dass die Sache bei Gott fest beschlossen ist und dass Gott es rasch ausführen wird« (1Mo 41,32). Wir sehen, dass die Zahl Sieben in beiden Träumen vorkommt. Sieben ist Gottes heilige Zahl. Die Zahl Gottes ist Drei, der Mensch ist Sechs und Neuanfänge sind Acht. Zahlen spielen eine wichtige Rolle und müssen ebenfalls ausgelegt werden.

Übrigens: Wenn wir denselben Traum wiederholt träumen, geschieht dies, weil wir noch nicht die exakte Auslegung haben und Gott uns eine bestimmte Botschaft vermitteln will. Sobald wir die richtige Auslegung gefunden haben, verlässt uns der Traum. Leute kommen zu mir, weil sie seit Jahren denselben Traum haben, und sobald ich ihn deute, ist die Sache erledigt. Sie dachten, er bedeute etwas Bestimmtes, doch die Auslegung ist dann völlig anders. Eltern träumen oft negative Dinge über ihre Kinder und sind darüber beunruhigt, doch eigentlich haben diese Träume gar nichts mit ihren Kindern zu tun. Der Traum ist geistlicher und symbolischer Natur. Es kann um Menschen gehen, denen wir dienen und die wir ihm Dienst aufrichten, also um das, was wir in der geistlichen Welt hervorbringen (zeugen). Es geht dabei nicht um unsere leiblichen Kinder. Es kann sein, dass Eltern für ihren Sohn beten und dann davon träumen, dass eine andere Person etwas Bestimmtes tut. In diesem Fall geht es im Traum um den Sohn, weil er derjenige ist, für den gebetet wurde. Symbolik muss der richtigen Person zugeordnet werden. All das gehört zum Auslegen von Träumen und Visionen dazu und erfordert ein gewisses Maß an Zeit. Wir müssen uns eine Weile damit beschäftigen und dürfen die Goldene Regel nicht vergessen, dass wir Gottes Angesicht im Gebet suchen müssen, bevor wir irgendetwas auslegen. Dann werden wir feinfühlig und spüren, in welche Richtung der Herr unsere Gedanken und die Gespräche mit unseren Gebetspartnern oder Ehepartnern lenkt.

Wie zuvor bereits im Fall von Petrus erwähnt, der ja Jude war und für den es extrem anstößig war, unreine Tiere zu essen, gebraucht Gott auch bei uns manchmal die gleiche Strategie. Dinge, die wir anstößig finden oder nicht mögen, kann Gott benutzen, um etwas in uns anzustoßen und die richtige Reaktion hervorzurufen. Vergiss nicht, dass Gott uns durch Träume dient, dies jedoch nur dann für uns von Nutzen ist, wenn wir ihnen auch nachgehen. Denke nicht: »Diese Sache trifft nicht auf mich zu, also schenke ich ihr auch keine Beachtung.« Nein! Wir müssen zuhören und aufpassen.

Legen wir nun einige Träume Schritt für Schritt aus.

Traum 1

»Meine Söhne und ich gingen einen Weg durch ein Maisfeld entlang. Während wir auf dem Weg liefen, kam direkt vor mir ein Löwe aus dem Feld und griff uns an. Ich ergriff eine Axt und schlug mit ihr nach dem Löwen, um die Kinder zu retten. Mein ältester Sohn rannte davon und war sicher. Als ich nach dem Löwen schlug, erwischte ich stattdessen meinen jüngsten Sohn. Er fiel zu Boden, sah mich an und dann verdrehte er die Augen nach hinten. Das war das Ende des Traumes.«

Auslegung:

Ich fragte den Träumenden nach den Lebensumständen zur Zeit des Traumes und er sagte mir, das sei genau zu der Zeit gewesen, als ein junger Kerl namens »Tim« an einem ihrer Standorte dazu kam.

Wofür steht der Löwe? Es gibt den Löwen als den Bösen, der kommt, um zu stehlen, zu töten und zu zerstören, und wir haben den Löwen von Juda, unsern Herrn. »Der Dieb kommt nur, um zu stehlen, zu töten und zu verderben; ich bin gekommen, damit sie das Leben haben und es im Überfluss haben« (Joh 10,10). »Seid nüchtern und wacht! Denn euer Widersacher, der Teufel, geht umher wie ein brüllender Löwe und sucht, wen er verschlingen kann« (1Petr 5,8). »Und einer von den Ältesten spricht zu mir: Weine nicht! Siehe, es hat überwunden der Löwe, der aus dem Stamm Juda ist, die Wurzel Davids, um das Buch zu öffnen und seine sieben Siegel zu brechen!« (Offb 5,5). Der Löwe kann sowohl für Gott als auch für den Feind stehen. Da der Löwe gefährlich war und angriff, kann er nicht für den Herrn stehen. Wir wissen, dass es der Verschlinger gewesen sein muss, denn sein Auftrag war es, zu zerstören.

Im Natürlichen hat der Träumende zwei Söhne. Wenn ein Teil des Traumes symbolisch ist, dann ist alles andere auch symbolisch. Die zwei Söhne sind zwei Wege für ihn. Wenn das Wort für ihn ist, dann sind seine Söhne zwei Teile eines Dienstes in seinem eigenen Leben. Der erste Sohn, der Ältere, ist reifer und steht für einen Dienst, den er bereits zustande gebracht hat. Die Axt symbolisiert ein Werkzeug, das die Wahrheit zum Vorschein bringt. »Es ist aber auch schon die Axt an die Wurzel der Bäume gelegt. Jeder Baum nun, der keine gute Frucht bringt, wird abgehauen und ins Feuer geworfen!« (Mt 3,10). Jede Waffe steht für das Wort Gottes. Die Waffenrüstung dient der Verteidigung, doch das Schwert wird zum Angriff genutzt. Heutzutage benutzt man Pistolen, Gewehre und dergleichen statt Schwertern. Wenn also jemand auf dich schießt, sind das die Worte aus seinem Mund, die dich treffen sollen. Die Axt ist ebenfalls ein Symbol für Dienst, das Wort oder Weissagung. Du hast die Axt (die Bibel oder ein prophetisches Wort) genommen und damit den Löwen angegriffen. Der ältere Sohn rannte davon.

Der erste Sohn, der ältere und gefestigte Dienst, kam in Sicherheit. Doch um den neuen Dienst zu retten, wurde Wahrheit in ihn hinein gesprochen und so wurde er verletzt und ging zugrunde. Der Träumende bestätigte die Auslegung und wünschte, er hätte dies schon vor einem Jahr gewusst.

Wir wissen ganz genau über unser eigenes Leben Bescheid und deswegen ist es so wichtig, dass wir unsere eigenen Träume auslegen.

Die Deutung der ersten paar Träume wird nicht gleich zu hundert Prozent stimmen. Doch durch Übung werden wir immer leichter erkennen, welche Tatsachen uns die Träume zeigen. Schon nach kurzer Zeit werden wir Träume als hilfreiches Werkzeug in unserem Dienst gebrauchen.

Merke: Jeder Gegenstand in einem Traum kann verschiedene Deutungen haben, und unterschiedliche Schriftstellen beziehen sich auf unterschiedliche Dinge. Wir müssen herausfinden, welche Schriftstellen zu unserem eigenen Umfeld passen. Wir haben bereits gelernt, unser eigenes Traummuster zu verstehen, denn jeder von uns ist einzigartig und individuell in seiner Art zu träumen. Es gibt viele Ähnlichkeiten in Träumen, doch die Einzigartigkeit unseres Lebens und unserer Lebensumstände spiegeln sich in unseren Träumen wider. Der Herr schenkt manchmal einen Traum, um der Person im Geist zu dienen, während sie schläft. Dies heilt die Seele, heilt alte Erinnerungen, Wunden oder Unversöhnlichkeit. Manchmal träumen wir im Schlaf beispielsweise von Löwen oder Bäumen. Wir müssen verstehen, was dies für uns bedeutet, denn bloße Bibelstellen oder allgemein gehaltene Deutungen von Traumsymbolen zu gebrauchen, kann zu Fehlern führen, da sie ein ganz anderes Bild in unserem Leben darstellen können. Zum Beispiel steht ein Baum normalerweise für eine Nation, doch wenn jemand vielleicht ein Landschaftsarchitekt ist, gebraucht Gott Bäume und Pflanzen in einer einzigartigen Weise, um dieser Person seine Botschaft zu vermitteln. Landschaftsarchitektur mit Pflanzen ist dann sein Bezugsrahmen. Es ist wichtig, die Rahmenbedingungen und Richtlinien auszuarbeiten, die in diesem Buch dargestellt werden. Gib nicht auf und lass dich nicht entmutigen. Unsere Traumwelt und die ihr eigene Sprache werden sicher zu einem großen Segen in unserem täglichen Wandel mit Gott werden.

Wenn wir erst einmal damit begonnen haben, Träume zu deuten, dann träumen wir sogar noch mehr. Wir können damit beginnen, den Herrn um Träume zu bitten. Wenn wir um jemanden besorgt sind und ein Wort für ihn brauchen, können wir bitten: »Herr, gib mir ein Wort, lass es mich verstehen, sprich heute Nacht zu mir.« Und Gott wird uns einen Traum schenken. Es mag heute nur ein

Teilstück sein und in einem Monat das nächste Teilstück, doch wir müssen mit den Träumen arbeiten, indem wir sie deuten und verstehen. Wenn wir Freunde haben, die in diesem Bereich ebenfalls begabt sind, können wir dies als solide Basis betrachten und mit ihnen unsere Träume besprechen. Wir helfen einander und indem jeder von uns etwas weitergibt, können wir alles zusammensetzen. Auf diese Art können wir diese Träume viel besser deuten.

Traum 2

Eine Frau, bereits im prophetischen Dienst tätig, hatte diesen Traum: *»Ich träumte, dass ich ein brandneues Chrysler Cabrio bekam. Es war ein großes, weißes Fahrzeug mit silberglänzenden Zierleisten. In meinem Traum hieß es ›Datsun‹. Neben mir stand ein Mann und bot mir den Fahrersitz an. Er selbst setzte sich auf den Beifahrersitz und begann, mir die Bedienung des Fahrzeugs zu erklären.*

Der Fahrersitz sah fast wie ein Whirlpool aus mit einer Armatur, aus der Benzin in den Whirlpool-ähnlichen Sitz floss. Ich saß im Benzin und als das Auto auf Reserve fuhr, sagte der Mann: ›Beweg dein Bein ein wenig. Das Benzin läuft dann rein und es ist heiß.‹

Wegen der ungewöhnlichen Anordnung hatte ich etwas Schwierigkeiten, die Bremse zu finden. Er sagte: ›Taste einfach vorsichtig mit deinem rechten Fuß, hast du es? Gut, dann drück das Pedal runter.‹ Das tat ich und das Auto kam am Ende der Straße nahe einem felsigen Aufschluss zum Stehen. Im nächsten Moment verlängerte das Auto seine Achsen, wie bei Mr. Gadget, und stieg mit den Rädern in drei Schritten den Aufschluss bis ganz nach oben. Dort war eine weitere Straße, auf der das Auto ohne Unterbrechung einfach weiterfuhr. Die Oberseite des Aufschlusses sah aus wie der Tafelberg in Südafrika. Ende des Traums.«

Auslegung:

Träume sind häufig eine Einladung, dem Herrn zu folgen. David sagt, dass er Tag und Nacht über Gottes Wort nachsinnt. »Wie habe ich dein Gesetz so lieb! Ich sinne darüber nach den ganzen Tag« (Ps 119,97). Wie ich schon sagte, kann der Herr durch Träume Heilung und Befreiung, aber auch klare Botschaften bringen. Träume laden uns dazu ein, die Symbolik zu untersuchen und zu erforschen und ihr zu folgen.

Wir haben bereits gesehen, dass ein Pferd oder ein Fahrzeug in Verbindung mit einem Dienst oder einem Arbeitsverhältnis stehen. Um den Traum zuverlässig zu deuten, muss er für einen selbst sein oder wir müssen Informationen über die Person haben, für die wir den Traum auslegen. Gott gebraucht die Sprache, die der Person vertraut ist, für die der Traum ist. Diese Dame fließt und lehrt im prophetischen Dienst, daher bedeutet das neue Auto, dass etwas Neues in ihren Dienst hineinkommt. Da es ein Cabrio ist, deutet dies auf Annehmlichkeit und Transparenz hin, da ist nichts Verborgenes. Gott sagt dieser Frau damit, dass dieser Dienst angenehm ist, sie ihn genießen wird und dass es etwas ist, das man begehrt. Das Auto ist weiß und dies ist ein Symbol für Gottes Salbung und seine Gegenwart. Silber wird in der Bibel als zu Gott gehörend erwähnt. »Mein ist das Silber, und mein ist das Gold, spricht der HERR der Heerscharen« (Hag 2,8). Die silberglänzenden Zierleisten zeigen, dass Wachstum oder Beförderung möglich sind.

Der Mann, der sie mit dem Auto vertraut macht, steht für dienende Geister, die zu uns kommen, um uns Botschaften von zukünftigen Dingen zu bringen, uns zu leiten oder zu befreien, wie beispielsweise Petrus, als er aus dem Gefängnis befreit wurde. »So wurde Petrus nun im Gefängnis bewacht; von der Gemeinde aber wurde unablässig für ihn zu Gott gebetet. Als nun Herodes ihn vorführen wollte, schlief Petrus in jener Nacht zwischen zwei Kriegsknechten, mit zwei Ketten gebunden; und Wächter vor der Tür bewachten das Gefängnis. Und siehe, ein Engel des Herrn trat hinzu, und ein Licht erglänzte in dem Raum. Er weckte aber Petrus durch einen Schlag an die Seite und sprach: Steh schnell auf! Und die Ketten fielen ihm von den Händen. Und der Engel sprach zu ihm: Umgürte dich und zieh deine Schuhe an! Und er tat es. Und [jener] spricht zu ihm: Wirf deinen Mantel um und folge mir! Und er ging hinaus und folgte ihm und wusste nicht, dass es Wirklichkeit war, was durch den Engel geschah, sondern er meinte ein Gesicht zu sehen. Als sie aber durch die erste und die zweite Wache hindurchgegangen waren, kamen sie zu dem eisernen Tor, das zur Stadt führt, und dieses öffnete sich ihnen von selbst. Und sie traten hinaus und gingen eine Gasse weit, und mit einem Mal verließ ihn der Engel. Da kam Petrus zu sich und sprach: Nun weiß ich wahrhaftig, dass der Herr seinen Engel gesandt und mich errettet hat aus der Hand des Herodes und von allem, was das jüdische Volk erhoffte! Und er besann sich und ging zum Haus der Maria, der Mutter des Johannes mit dem Beinamen Markus, wo viele versammelt waren und beteten. Als nun Petrus an die Haustür klopfte, kam eine Magd namens Rhode herbei, um zu horchen. Und als sie die Stimme des Petrus erkannte, machte sie vor Freude die Türe nicht auf, sondern lief hinein und meldete, Petrus stehe vor der Tür. Sie aber sprachen zu ihr: Du bist nicht bei Sinnen! Aber sie bestand darauf, dass es so sei. Da sprachen sie: Es ist sein Engel! Petrus aber fuhr fort zu klopfen; und als sie öffneten, sahen sie ihn und erstaunten sehr. Er gab ihnen aber mit der Hand ein Zeichen, dass sie schweigen sollten, und erzählte ihnen, wie der Herr ihn aus dem Gefängnis geführt hatte. Er sprach aber: Meldet dies dem Jakobus und den Brüdern! Und er ging hinaus und zog an einen anderen Ort« (Apg 12,5–17). Dieser dienende Geist leitet und lehrt sie in ihrem

Dienst und dem neuen Maß an Fülle, in dem sie fließen wird. Die Tatsache, dass der Fahrersitz wie ein Whirlpool ist und sie darin badet, ist eine Kombination aus Annehmlichkeit und Genuss, denn dafür stehen Whirlpools. Dies ist ein Ort entspannter Leiterschaft und keine harte Arbeit. Die Armatur symbolisiert die Quelle, und der Kraftstoff lässt das Fahrzeug fahren. Man könnte sich fragen, wie sie in einer flüchtigen Substanz sitzen kann, doch es symbolisiert, dass die Person in der Kraft und der Salbung Gottes, die dieses Fahrzeug fahren lässt, badet. Das Bewegen des Beins zeigt, dass Platz geschaffen werden muss für die Kraft und Salbung, und das Unwohlsein beim Leiten dieses Dienstes (am Steuer zu sitzen), deutet auf beständiges Wachstum hin, das geschehen muss. Weil alles so neu war, musste sie die Bremse erst finden, und dies zeigt, dass es Herausforderungen geben wird oder Anpassungen gemacht werden müssen, für Aufmerksamkeit und Lernbereitschaft nötig sind.

Das Fahrzeug kam an einen Ort, an dem die Straße zu Ende war, und die Bibel sagt, dass Gott einen Weg in der Wüste bahnt. »Siehe, ich wirke Neues, jetzt sprosst es hervor; solltet ihr es nicht wissen? Ich will einen Weg in der Wüste bereiten und Ströme in der Einöde« (Jes 43,19). Wir müssen immer in der Bibel nach den Symbolen in Träumen suchen. Vom ersten Buch Mose bis zur Offenbarung finden wir eine Vielzahl von Symbolen, die bereits geordnet sind und von den Josefs und Daniels für uns gedeutet wurden. Durch seine Gleichnisse lehrt Jesus uns ebenfalls, Symbole zu verstehen. In der Offenbarung gibt es viele Erklärungen zu Symbolen.

Der Name Datsun, den das Auto erhalten hatte, muss im Hinblick auf seinen Ursprung untersucht werden, denn er kann sich auf das Leben der Dame oder auf ihr Verständnis von Gottes Absicht mit ihrem Leben beziehen. Die drei Schritte, die das Auto nach oben gemacht hat, müssen von der betreffenden Person selbst interpretiert werden, um sicher zu sein, ob es sich hier um drei Stufen, drei Monate oder eine bestimmte Zeit in Gottes Willen handelt. Das Fahrzeug erreichte eine flache Ebene, ohne jede Anstrengung oder harte Arbeit. Im Alten Testament zeigte Gott Propheten Dinge und fragte sie dann, was sie sahen. In diesem Traum sieht die Frau auf dem Berg eine tafelartige Oberfläche, was bedeutet, dass ihr Dienst Höhen und Ausmaße erreicht, die ihn nicht nur angenehm und leicht zu handhaben machen, sondern dies auch auf einem sehr hohen Niveau. Es gibt ein Ziel in dem Traum, was auf die nächste Phase hindeutet, die Gott geplant hat.

Traum 3

Ein älterer Herr, noch nicht errettet, hatte einen Traum, dass er in den USA war und nach Gold grub. Während er grub, stieß er auf einen großen schwarzen Stein. Als er weitermachte und versuchte, ihn zu heben, wurde er größer. Also rief er den Mann der Freundin seiner Frau um Hilfe und sagte: »Wenn du mir hilfst, können wir den Gewinn teilen.« Doch als sie beide versuchten, ihn zu heben, wurde er noch größer. Sie gingen in die nächste Stadt und mieteten einen Bagger. Als er dann endlich gehoben war, war er riesig, wie ein mächtiger schwarzer Felsbrocken. Es stellte sich heraus, dass es ein schwarzer Diamant war, der extrem wertvoll ist.

Auslegung:

Wir beziehen unsere Auslegungen größtenteils aus der Bibel und so kann eine Konkordanz sehr nützlich sein, wenn wir nach der Bedeutung von Gegenständen und Farben in der Bibel suchen. Ist etwas nicht in der Bibel erwähnt, wie in diesem Fall die USA, dann suchen wir nach Fakten, die darüber bekannt sind. Die USA sind ein vierhundert Jahre altes Land und die amerikanische Nation ist bekannt für bestimmte Merkmale. Wir müssen auch herausfinden, was die Vereinigten Staaten für diese bestimmte Person bedeuten. In diesem Beispiel sind die Freundin seiner Ehefrau und deren Mann vor kurzem nach Amerika gezogen.

Nach etwas zu graben bedeutet, nach etwas zu suchen. Die Bibel erklärt und bestätigt Traumsymbole. Referenzstellen: »Bittet, so wird euch gegeben; sucht, so werdet ihr finden; klopft an, so wird euch aufgetan!« (Mt 7,7). »[Gott tat dies], damit sie den Herrn suchen sollten, ob sie ihn wohl umhertastend wahrnehmen und finden möchten; und doch ist er ja jedem Einzelnen von uns nicht ferne« (Apg 17,27); »Oder welche Frau, die zehn Drachmen hat, zündet nicht, wenn sie eine Drachme verliert, ein Licht an und kehrt das Haus und sucht mit Fleiß, bis sie sie findet?« (Lk 15,8); und »Welcher Mensch unter euch, der hundert Schafe hat und eines von ihnen verliert, lässt nicht die neunundneunzig in der Wildnis und geht dem verlorenen nach, bis er es findet?« (Lk 15,4). Es zeugt von großem Einsatz und echtem Opfer in jemandes Leben. Gott reagiert auf den Preis, den wir bezahlen, und die Mühe, die wir in die Suche investieren.

Im Traum suchte der Mann nach einem Schatz an einem weit entfernten Ort und nicht in seiner Nähe (zumindest was seinen Bezugsrahmen betrifft). Er sucht da draußen nach einem Schatz und weiß nicht, dass er eigentlich nach seiner Erlösung sucht. Wenn man älter wird, kommen einem Fragen in den Sinn und man sucht nach Wertvollem und Qualität in seinem Leben. Im ganzen Traum geht es um seine Errettung und die Tatsache, dass er sich ausstreckt und nach etwas Wertvollem sucht. Er fand zwar nicht, was er eigentlich gesucht hatte, doch stattdessen einen sehr seltenen schwarzen Diamanten. Er bat um geistliche Unterstützung (den Mann der Freundin), doch dieser konnte ihm nicht helfen. Er brauchte einen Bagger und fand einen in der Stadt. Die Maschine steht für eine kraftvolle, geisterfüllte Person, die ihm Zeugnis gibt und den Schatz aus dem Boden birgt, also seine Errettung. Die Suche führte dazu, dass er Jesus »fand« und dies ist der kostbarste und wertvollste Schatz von allen.

Traum 4

Ein Firmeninhaber träumte Folgendes: »*Mir wurde das Auto eines Kunden gegeben, bei dem ich einige Arbeiten durchführen sollte. Es war ein neuer roter VW Golf. Ich fuhr mit dem Auto auf einer großen vierspurigen Straße und bei mir im Wagen war ein Mann, der bei VW arbeitete. Obwohl es regnete, fuhr ich schnell, da wir uns beeilen mussten, um Punkt sieben am Flughafen zu sein. Für diese Strecke braucht man gewöhnlich etwa fünfzehn Minuten. Wir waren schnell unterwegs, als das Auto zu schlingern begann. Ich hörte, wie jemand mich anwies, Gas zu geben. Als ich das tat, bekam ich das Auto wieder unter Kontrolle und fuhr sogar noch schneller. Die Windschutzscheibe des Autos war elektronisch, wie ein Fernsehbildschirm. Das Äußere war sehr klar, wurde jedoch wie ein Kamerabild auf der Windschutzscheibe projiziert. Als ich auf die Überführung fuhr, änderte sich das Bild plötzlich und ich konnte nichts außerhalb des Autos sehen. Ich schlug aufs Armaturenbrett und das Bild sprang zurück auf die Straße, auf der wir fuhren. Wir waren immer noch sehr schnell unterwegs und als ich nach links fuhr, geriet das Auto wegen des Regens ins Schleudern. Ich prallte gegen die Leitplanke der Überführung und das Auto wurde in die Luft geschleudert, drehte sich, verhedderte sich in Oberleitungskabeln und hing in der Luft. Wir wurden nicht verletzt, sondern hatten nur einen Adrenalinstoß wegen des Unfalls. Mein einziger Gedanke war, dass ich mich nun verspäten würde und was ich wohl dem Kunden sagen sollte. Ich wurde ruhig, als mir klar wurde, dass das Auto ja versichert war und der Kunde sicher Verständnis hätte, dass wir uns wegen der Fehlfunktion der Windschutzscheibe verspätet hatten.«*

Auslegung:

Dieser Traum ist ganz klar symbolischer Natur und es gibt eine Sache, mit der wir anfangen können, den Traum klar zu deuten. Wir wissen, dass ein Auto oft einen Job symbolisiert, der getan werden muss, oder auch für eine Karriere oder einen Dienst stehen kann. Die Tatsache, dass er vom Kunden dazu beauftragt war, legt nahe, dass er eine Verantwortung wahrzunehmen hatte. Dies erinnert uns an das Gleichnis vom reichen Gutsherrn, der fortging und seine Arbeiter mit der Pflege seines Weinguts beauftragte. »Hört ein anderes Gleichnis: Es war ein gewisser Hausherr, der pflanzte einen Weinberg, zog einen Zaun darum, grub eine Kelter darin, baute einen Wachtturm, verpachtete ihn an Weingärtner und reiste außer Landes« (Mt 21,33).

Er hatte einen Bekannten mit im Auto und das steht entweder für den Heiligen Geist oder für Menschen, mit denen er im Reich Gottes arbeitet. Ich denke da an die Bibelstelle, in der es heißt, dass ein Freund einem näher ist als ein Bruder. »Wer viele Gefährten hat, der wird daran zugrunde gehen, aber es gibt einen Freund, der anhänglicher ist als ein Bruder« (Spr 18,24), und Jesus sagte in Hebräer 13,5b: »Begnügt euch mit dem, was vorhanden ist; denn er selbst hat gesagt: ›Ich will dich nicht aufgeben und dich niemals verlassen!‹« Rechtzeitig am Flughafen sein zu müssen, deutet auf eine Dringlichkeit hin, den Plan Gottes für sein Leben zu erfüllen. Die genaue Angabe der Uhrzeit, zu der er am Flughafen sein soll, weist auf das Ende seines Lebens und die Ewigkeit hin. Jesus bezieht sich oft auf das Ende der Zeit.

Dass das Auto ins Schlingern geriet, er die Kontrolle verlor und sie dann durch Beschleunigen wiedererlangte, lässt sich auf die Notwendigkeit übertragen, die Intensität seiner Verantwortung und der ihm gestellten Aufgaben zu verstärken. Er empfindet es als schwierig, dem gerecht zu werden, und verliert auf der Brücke die Kontrolle, was im Unfall endet. Dies spiegelt seine Furcht vor dem Tadel seines Herrn wider. Trotzdem wird er nicht verletzt, weil Gott ihn beschützt. Der Traum zeigt seine Sorge, treu dem gegenüber zu sein, in dessen Dienst er steht.

Um es zusammenzufassen: Der Träumende kämpft in eigener Kraft, um am Ende der Zeit, wenn der Herr wiederkommt, als treu befunden zu werden. Der Wunsch seines Herzens ist es, in Gottes vollkommenem Plan für sein Leben zu sein und die Gewissheit des ewigen Lebens zu haben. Er hat den Eindruck, nicht erfolgreich in dem zu sein, wozu er berufen ist, und seinen Dienst nicht richtig auszufüllen. Im Traum wird er versichert, dass für alles gesorgt ist (der Besitzer wird Verständnis haben und das Auto ist versichert). Dies ist für ihn eine Zusicherung, dass er aufhören kann, zu kämpfen, und dass sein Glaube der Schlüssel ist. Er möchte unbedingt in allen Dingen korrekt sein. Daraus resultieren Stress und Angst und diese spiegeln sich im Traum deutlich wider. Die Absicht seines Herzens ist es, alles richtig zu machen und das geforderte Level zu erreichen. Letztlich sagt Gott ihm, dass er aufhören soll, zu kämpfen, und stattdessen im Glauben gehen soll, denn Gott wird ihm den Erfolg geben, nach dem er sucht, sowohl im Übernatürlichen als auch im Natürlichen.

Traum 5

Ein Geschäftsmann, Ende 50, hatte einen Traum, dass er auf einer Bühne in einem sehr großen Hörsaal stand, hinter einem Holzpodest. Er stellte ein Projekt (seine Erfindung oder geistige Schöpfung) den Hauptakteuren in diesem Geschäftsfeld vor. Während er sprach, hatte er zwei Zigarren im Mund. Nachdem er mit seiner Präsentation fertig war, applaudierte man ihm und er setzte sich. Er trug einen dunkelgrauen Anzug, ein strahlend weißes Hemd und eine blau-rote Krawatte.

Auslegung:

Wir müssen den Träumer zuerst nach seinem Traummuster fragen; er bestätigte, dass der Traum für ihn war. Gott spricht zu Menschen in einer Sprache, die ihrem eigenen Bezugsrahmen entspricht – bei ihm sind das Projekte in der Geschäftswelt. Die Bühne deutet auf ein bestimmtes Maß an Erfolg, Sichtbarkeit und Einfluss hin. Die Zigarren lassen sich aus dem ableiten, was sie für ihn bedeuten. Im Natürlichen findet sich da eine gewisse Abneigung wegen der Bedeutung für die eigene Gesundheit und der Möglichkeit einer Tabaksucht. Jedoch stehen Zigarren auch für Feiern, wie etwa bei der Geburt eines Babys oder wegen eines erfolgreichen Geschäftsabschlusses. Wenn etwas in einem Traum zweimal vorhanden ist, heißt das, dass etwas fest von Gott beschlossen ist (Bestätigung, Beschluss). Da wir also zwei Zigarren sehen, ist dies Gottes Versprechen von Erfolg und Feiern. Seine Kleidung, bedacht und gepflegt, deutet ebenfalls auf Erfolg hin.

Der Traum handelt von Erfolg und Bestätigung, und das ist die Zusicherung, die er von Gott brauchte. Es ist möglich, dass dies gar nichts mit seinen tatsächlichen Geschäften zu tun hat. In seinem Denken, seinen Gebeten und seinem Herzen bat er um Zustimmung von vielleicht seiner Frau, seiner Familie, dem Pastor oder von Gott. Wir müssen immer vorsichtig sein, nicht einfach Dinge so zu deuten, wie wir sie im Natürlichen verstehen, wie hier die Geschäftssymbolik. Wenn es nämlich so wäre, hätte Petrus vom Dach hinabsteigen, in die Küche gehen und ein unreines Tier zubereiten müssen. Doch wir wissen aus der Schrift, dass dies nicht der Fall war; Gott berief Petrus, einem Heiden und seiner Familie zu dienen (siehe Apg 10,9–16).

Der Herr redete in der Sprache der Geschäftswelt zu diesem Mann und die Botschaft war einfach die Bestätigung, dass großer Erfolg auf ihn wartet und seine Vorbereitungen sich auszahlen werden. Es ist bestätigt, entschieden und bewilligt. Er muss sich nun daran erinnern, wofür er gebetet hat, und bei Gott nachforschen, um den Schlüssel zur Deutung seines Traumes zu erhalten. König Nebukadnezar (Daniel 2) dachte intensiv über die Zukunft seines Reiches nach und sein Traum von der Statue mit dem goldenen Haupt und den Füßen aus Eisen und Ton waren Gottes Antwort darauf. Ohne diese Information wäre eine korrekte Auslegung des Traumes nicht möglich gewesen.

Fragen und Antworten

Was bedeutet es, wenn Personen kein Gesicht haben? Ich habe von Leuten geträumt, die die Rolle eines Ehemanns oder Freundes inne hatten, aber da war einfach kein Gesicht. Wenn ich mit ihnen sprach, hatten sie Gefühlsregungen, blieben jedoch gesichtslos. Wenn ich mit einem Kind sprach, wusste ich instinktiv, wer es ist, doch auch hier war kein Gesicht.

Ein Gesicht kann 300–400 verschiedene Ausdrücke annehmen, um unterschiedliche Botschaften zu vermitteln. Grundsätzlich kann es für Menschen ohne Persönlichkeit oder Charakter stehen. Kein Ausdruck kann, je nach Umstand, eine Person meinen, die keine Gefühle oder Gemütsregungen hat.

In deinem Traum sind mehrere Leute, alle ohne Gesicht. In deinem Leben gibt es Menschen, die dir weniger bedeuten oder von denen du dich aus Furcht vor Verletzung distanziert und getrennt hast. Sie haben kein Gesicht weil sie für dich keine Identität haben. Auf einem Ausweis ist das Foto einer Person und nicht deren Fingerabdrücke. Die Menschen in deinem Traum haben kein Gesicht, weil sie für dich persönlich keine Identität haben und ihr voneinander distanziert seid. Du hast dich selbst abgesondert und vermutlich dient der Herr dir hier, um Heilung in dein Leben zu bringen, damit du wieder bereit bist, Menschen nahe an dich heranzulassen. Überlege selbst, was »gesichtslos« für dich bedeutet. Es kann ebenfalls bedeuten, dass du dich identitätslos fühlst, dass du nicht weißt, wer du bist, oder dass du nicht erkannt werden kannst. Vielleicht hast du gefühlsmäßig dicht gemacht. Versuche herauszufinden, in welchem Bereich der Herr Heilung in dein Leben bringen möchte.

Wenn man träumt, dass man von einem dämonischen Geist angegriffen wird und ihn abwehrt – ist das dann immer symbolisch?

Wenn es in unseren Träumen Kampfhandlungen gibt, ist entweder der Geist im Kampf oder wir haben mit Streit zu tun. Es könnte sein, dass du im Streit oder mit Ängsten ins Bett gehst und dein Geist so diese Dämonen bekämpft. Wenn du tatsächlich eine dämonische Attacke abwehrst, dann geht es meist um Angst. Mach dir klar, dass wir nicht gegen Fleisch und Blut kämpfen, sondern gegen Mächte und Gewalten, doch Angst begehrt gegen Glauben auf und ihre Einschüchterungsversuche verzerren die Wahrheit. Wir haben vollständige Autorität; es sollte keinen Kampf geben. Jesus hat nicht mit dem Teufel gekämpft. Er sagte: »Es steht geschrieben.« Es ist vorbei und da gibt es keine Diskussion.

In deinem Fall spüre ich prophetisch viele Ängste und Kämpfe in deinem Leben und du nimmst das mit zu Bett, anstatt es Gott abzugeben. Die Bibel sagt in 1. Petrus 5,7: »Alle eure Sorge werft auf ihn; denn er sorgt für euch.« Deine Persönlichkeit ist die eines Problemlösers. Du ruhst nicht, ehe eine Sache geregelt ist. Du musst das einfach erledigen. Du brauchst die Lösung oder den Entschluss. Dein Leben ist voller Herausforderungen, die sich im Schlaf zeigen. Doch auch im Sturm musst du Jesus vertrauen und ihn nachahmen, der im Boot einschlief, während um ihn herum der Sturm tobte.

Was bedeutet es, wenn man von Menschen unterschiedlicher Herkunft und Ethnie träumt, die verschiedene Sprachen sprechen, die man alle versteht? Ich träumte, dass ich Leuten die Hände auflegte, für sie betete und dabei jede Sprache verstand, in der

ich betete. Selbst wenn ich mich in verschiedenen Sprachen, zum Beispiel Koreanisch oder Spanisch unterhielt, verstand ich alles.

Gott sagte zu Abraham in 1. Mose 17,5: »Darum sollst du nicht mehr Abram heißen, sondern Abraham soll dein Name sein; denn ich habe dich zum Vater vieler Völker gemacht.« Gott kennt jedes Volk der Erde ganz genau. Sie alle gehören ihm und er kümmert sich um jede Nation ganz individuell. Wenn du von Nationen träumst, kann es sein, dass Gott dich zu ihnen ruft. Dein Traum offenbart hierzu noch etwas Weiteres.

Was ist die universelle Sprache von Gottes Wort? Es ist Liebe. Gott sagt dir in deinen Träumen, dass er dich zum Dienst an seinem **ganzen** Volk aufbauen will. In deinem Kopf sind vielleicht ethnische, sprachliche oder kulturelle Barrieren vorhanden, doch in Gottes Liebe gibt es überhaupt keine Barrieren. Manchmal ist uns unwohl dabei, Menschen näherzukommen, die uns fremd sind, doch Gott sagt dir, dass die Sprache der Liebe keine Grenzen kennt. Der Herr richtet dich auf, damit du alle Völker berührst und ein echter Segen bist. Ich sehe, dass du ein Segen bist.

Wie deutet man einen Traum über den Tod eines geliebten Menschen? Oder über jemanden, der lebt, aber im Traum stirbt? Oder wenn man träumt, dass man mit jemandem zusammenarbeitet, der schon gestorben ist?

Zunächst einmal bedeutet der Tod das Ende von etwas. Ich hatte einen engen Freund, der träumte, dass ich sterbe, und es beschäftigte ihn so sehr, dass er sich freinahm, um mich zu besuchen. Der Herr sprach zu ihm in diesem Traum, dass die Freundschaft mit mir, wie er sie kannte, zu Ende gehen würde. Wir sind zwar noch Freunde, jedoch nicht mehr so eng wie damals. Wir sind in unterschiedliche Länder gezogen und sein Leben nahm eine andere Wendung. Wenn du vom Tod träumst, bedeutet dies, dass eine Beziehung, wie du sie kennst, oder etwas, das mit der entsprechenden Person zu tun hat, zu Ende geht. Es bedeutet nicht, dass die Person stirbt. Der Tod eines Christen in einem Traum ist immer etwas Gutes, denn für gewöhnlich bedeutet es, dass man sich selbst stirbt, im Tausch für ein Leben in Christus.

Wenn du von jemandem träumst, der bereits gestorben ist, könnten diese Menschen für etwas stehen, das dich noch immer beeinflusst oder zurückhält. Vielleicht richtet Gott deine Aufmerksamkeit auf etwas aus deiner Vergangenheit, mit dem du dich noch nicht auseinandergesetzt hast, obwohl es bereits vergangen ist.

Unterscheiden sich Träume von außerkörperlichen Erfahrungen?

Auf jeden Fall! Außerkörperliche Erfahrungen können seltsam sein. Sie können von Gott oder aber dämonischen Ursprungs sein. In 2. Korinther 12,1–2 heißt es: »Ich [will] auf die Erscheinungen und Offenbarungen des Herrn zu sprechen kommen. Ich weiß von einem Menschen in Christus, der vor 14 Jahren (ob im Leib oder ob außerhalb des Leibes, ich weiß es nicht; Gott weiß es) bis in den dritten Himmel entrückt wurde. Und ich weiß von dem betreffenden Menschen (ob im Leib oder außerhalb des Leibes, weiß ich nicht; Gott weiß es), dass er in das Paradies entrückt wurde und unaussprechliche Worte hörte, die ein Mensch nicht sagen darf.« Das Erlebnis, das Paulus hatte, war etwas Unbeabsichtigtes, das innerhalb der Grenzen von Gottes Wahrheit geschah. Dämonische und außerkörperliche Erfahrungen oder Astralreisen beruhen auf der willentlichen Entscheidung, den eigenen Körper zu verlassen, um sich mit der geistlichen Welt für okkulte Praktiken zu verbinden.

Vom Heiligen Geist kontrolliert zu werden, ist etwas völlig anderes, als von einem bösen Geist kontrolliert zu werden. Träume dienen uns in unserem Schlaf, während außerkörperliche Erfahrungen im Wachzustand geschehen.

Sind Albträume von Gott?

Nein! Albträume sind niemals vom Herrn, denn Gottes Wesen bringt niemals Angst oder Sorge hervor. Er hat uns nicht einen Geist der Furcht gegeben. Ganz im Gegenteil, wir haben vom Herrn einen Geist der Liebe, der Kraft und der Besonnenheit empfangen (2Tim 1,7). Da Kinder manchmal Albträume haben, werde ich das recht häufig gefragt. Albträume sind die Reflektion eines Angriffs oder einer Furcht in unserem Leben. Glaube erzeugt Leben, Furcht erzeugt Tod, und wenn wir nicht entsprechend damit umgehen, zeigt sich das in unserem Schlaf in Form von Albträumen. Kinder erlernen Angst. Sie haben nicht von Geburt an Angst. Angst in Kindern wird von Erwachsenen und Fernsehprogrammen gelehrt und so gelangt die Angst in ihren Geist. Wenn damit nicht angemessen umgegangen wird, haben sie Albträume. Also NEIN (!), Albträume sind nicht von Gott, nicht einmal ansatzweise.

Ich bin jemand, dessen Träume wörtlich zu verstehen sind, und ich habe ständig Träume, dass ich Menschen helfe. Was bedeutet es, wenn man träumt, dass man ständig Leuten hilft, die in gewaltsamen Situationen sind? Normalerweise liegen diese Dinge noch in der Zukunft.

Du sagtest, es sei wörtlich zu verstehen. Hättest du gesagt, es wäre symbolischer Natur, hätte ich geantwortet, dass Gott dich in Gebet und Fürbitte ruft, denn Fürbitte ist ein beständiger Kampf.

Die Bibel sagt uns, dass wir nicht gegen Fleisch und Blut kämpfen. »Denn unser Kampf richtet sich nicht gegen Fleisch und Blut, sondern gegen die Herrschaften, gegen die Gewalten, gegen die Weltbeherrscher der Finsternis dieser Weltzeit, gegen die geistlichen [Mächte] der Bosheit in den himmlischen [Regionen]« (Eph 6,12). Wenn du Menschen in einem symbolischen, gewalttätigen Angriff hilfst, dann hilfst du ihnen geistlich, indem du für sie kämpfst und Festungen in ihrem Leben zum Einstürzen bringst. Doch wenn deine Träume wörtlich zu verstehen sind, dann musst du Gott fragen, was du mit der Information, die er dir offenbart hat, tun sollst. Wenn es als Warnung zu verstehen ist, solltest du einschreiten und die betreffenden Personen kontaktieren, um sie auf die Gefahr aufmerksam zu machen. Manchmal wird der Feind allein dadurch bereits abgeschreckt oder sein Plan durchkreuzt. Dies war die gängige Praxis im Alten Testament, wenn das Wort des Herrn an einen Propheten erging und dann in der Königskammer von ihm ausgesprochen wurde. Gott warnte den König vor einer bevorstehenden Attacke des Feindes und zeigte ihm, wie der Angriff zu verhindern war.

Dann hast du eine Warnung; du hast ein Gebet; du gehst die Personen besuchen und machst sie darauf aufmerksam. Manchmal wird allein schon diese Aufklärung den Plan des Feindes vereiteln. Bei all diesen Gelegenheiten im Alten Testament, wenn in der Königskammer Gottes Wort durch die Propheten gesprochen wurde, frustrierte dies den Feind dermaßen weil Gott jedes Mal vorher schon vor herannahenden Ereignissen warnte und die Angriffe des Feindes so abgewehrt werden konnten. Deshalb musst du unbedingt etwas damit tun.

Kann man so viel über Traumdeutung lernen, dass es dem im Weg steht, was Gott einem sagen will? Oder anders gesagt, dass man sich mehr auf sein Wissen über Traumsymbole verlässt, als darauf zu hören, was Gott einem sagen möchte?

Entscheidend ist ja, dass Gott dir etwas sagen will. Wenn du über-interpretierst, falls du das meinst, und zu viel Symbolik findest, dann entgeht es dir vielleicht, aber Gottes Geist wird uns leiten. Vergiss nicht: Wir sind Gottes Kinder und je reifer man wird, je geübter darin, desto leichter wird es, Träume zu deuten. Du weißt, wie Gott ist, und kennst seine Stimme. Du beginnst, ihn zu fragen, und manchmal ist es weise, bei Schwierigkeiten mit der Auslegung jemanden zu Rate zu ziehen, dem man vertraut. Wir sind der Leib Christi, wir arbeiten zusammen. Das würde ich dringend empfehlen. Doch wir können die Dinge tatsächlich über-analysieren oder überfrachten. Dann entgeht dir, was Gott eigentlich meinte, weil du es zu kompliziert machst.

Ich habe seit meiner frühesten Kindheit geträumt und auch während meiner Schwangerschaften. Ich habe häufig von mir selbst und auch anderen Leuten geträumt. Ich habe gehört, dass schwangere Frauen im Allgemeinen einfach verrückte Träume haben. Ich glaube das aber eigentlich nicht, denn die Träume, die ich während meiner Schwangerschaften hatte, waren zutreffend, sowohl für mich als auch andere Personen. Ich wüsste gerne, was du darüber gehört oder gelernt hast. Beeinflusst es das Träumen, wenn man schwanger ist?

Als einzige Auswirkung einer Schwangerschaft können dir deine Träume bewusster sein. Nebukadnezar fragte Gott, was mit seinem Reich geschehen würde, und das beeinflusste seinen Traum. Im Fall des Pharaos war seine Stellung als Herrscher entscheidend und deshalb sprach Gott im Traum zu ihm über die kommende Hungersnot in seinem Land. Jedweder Einfluss des Babys wäre allein darauf zurückzuführen, dass du viel über das Baby nachdenkst oder sprichst. Vielleicht gebraucht der Herr das Baby als Veranschaulichung in deinen Träumen, wie bei Petrus in seiner Vision von den unreinen Speisen, als er hungrig war. Das Baby kann als Symbol für etwas dienen, das Gott dir zeigen möchte. Das muss nicht unbedingt etwas mit dem Baby oder der Situation selbst zu tun haben. Vielleicht ist es nur ein Bild für die eigentliche Botschaft. Wenn du von frühester Kindheit an Träume hattest, dann bist du offensichtlich prophetisch sehr begabt, denn Gott spricht zu Propheten durch Träume und Visionen. Du hast schon so früh begonnen, deswegen wäre es schade, wenn du diese Gabe nicht weiterentwickelst, denn sie könnte so viel Veränderung im Leben von Menschen bewirken.

Ein Traum vom Heiligen Geist sollte meiner Meinung nach hell sein – warum also schwarz-weiß? Normalerweise träume ich in Farbe, doch dieser eine Traum war nur in schwarz-weiß.

Wenn alles schwarz-weiß ist, heißt das, es handelt sich um ein Entscheidungs-Szenario, bei dem es nur ein klares »Ja« oder »Nein« geben kann. Es gibt vermutlich keinen Kompromiss. Ich bräuchte aber mehr Informationen, um das besser zu verstehen.

Es schienen Kreuze zu sein und es war so ein unbeschreiblich schönes Gefühl. Ich war vor Jesus und betete und es war so wunderschön, doch plötzlich hatte ich dieses schreckliche Gefühl, weggezogen und aus seiner Gegenwart gerissen zu werden. Ich sagte zu mir selbst im Traum: »Sprich im Namen Jesu, sing im Namen Jesu«, und ich tat es. Dann sagte ich zu mir: »Rede in

Zungen«, und als ich aufwachte, bewegten sich meine Hände und Arme und ich redete einfach im Geist.

Es ist offensichtlich, dass du eine Person bist, die viel betet, und dass du gerade einige Lasten für deine eigene Familie trägst. Du bist vor dem Kreuz, du rufst zum Herrn, du bist an einem Ort des Gebets und Suchens des Herrn und da ist dieser Kampf, der dich nach unten zieht. Da ist eine Schwere, weil du diese Lasten trägst; das ist es, was dich geistlich wegzieht und an dir zerrt. Doch du sollst deine Lasten beim Herrn abladen – du sollst all deine Sorgen auf ihn werfen, darum geht es in dieser Botschaft. »Alle eure Sorge werft auf ihn; denn er sorgt für euch« (1Petr 5,7). Falls es in schwarzweiß ist, bedeutet es, dass die Antwort eindeutig ist. Da sind keine Sorgen. Es heißt entweder »ja« oder »nein« und Gott wird dir helfen – so einfach ist es.

Ich wüsste gerne, was kleine schwarze Käfer bedeuten? Sie kamen in die Gemeinde und liefen in Richtung der Kinder.

Aus dem Alten Testament wissen wir, dass verschiedene Insekten, wie etwa die Heuschrecken, Plagen waren, die die Umwelt schädigten und negative Auswirkungen auf die Menschen hatten. Deshalb sind Käfer eher nicht als Segen oder etwas Gutes anzusehen. Ich vermute, es waren viele, wie ein Schwarm, und sie krabbelten auf die Kinder zu? Der Feind schickt gerne kleine Dämonen oder Angriffe, die zerstören sollen, was wir geistlich hervorgebracht haben. Der Traum zeigt dir, wogegen du beten musst: kleine, dämonische Angriffe auf die Kinder, so dass diese keinerlei Auswirkungen auf die Kinder haben. Diese Angriffe werden alle Kinder der Gruppe ablenken. Sie werden geschwätzig und hören nicht auf das, was du ihnen sagst, oder sie fangen an zu zanken. Dies sind alles unterschiedliche Geister und sie treten in solchen Formen auf.

Schwarz ist dämonisch, und es kommt in Gestalt von Käfern. Es sind viele und ihr Ziel ist, deinen Dienst zu unterbinden. War es auf dich gerichtet oder auf die Gemeinde? War es auf das gerichtet, was du gerade getan hast oder auf den Dienst, in dem du aktiv bist?

Ja, ich habe es in der Gemeinde gesehen.

Die Gemeinde kann für das gesamte Königreich Gottes stehen, also sagt Gott dir vielleicht, dass du für Kinder beten sollst. Vielleicht nicht Kinder im eigentlichen Sinne, sondern junge Christen. Jesus sagte, es wäre besser für jemanden, der einen dieser jungen Menschen zu Fall bringt, man würde ihn mit einem Mühlstein um den Hals in den Ozean werfen, also ist es offensichtlich, dass Junge (Neubekehrte) immer eine geistliche Gefahr für den Teufel sind. Lukas 17,1–2: »Er sprach aber zu den Jüngern: Es ist unvermeidlich, dass Anstöße [zur Sünde] kommen; wehe aber dem, durch welchen sie kommen! Es wäre für ihn besser, wenn ein großer Mühlstein um seinen Hals gelegt und er ins Meer geworfen würde, als dass er einem dieser Kleinen einen Anstoß [zur Sünde] gibt.«

Kann man seine Träume kontrollieren? Oder kommt alles, was man träumt, von Gott?

Man kann seine Träume nicht kontrollieren. Das ist ja das Schöne daran. Meistens kommen Träume von Gott, aber Träume können auch von Angst und Sorge verursacht sein. Die Bibel sagt, Träume kommen von vielfältigen Sorgen. Prediger 5,2 (LUT): »Denn wo viel Mühe ist, da kommen Träume, und wo viel Worte sind, da hört man den Toren.«

Was ist, wenn jemand aus dem eigenen Leben im Traum fehlt? Die ganze Familie ist da, doch diese Person nicht. Bedeutet das

womöglich, dass man diese Person bewusst nicht in seinem Traum haben will?

Nein, die Familienmitglieder in deinem Traum sind alle symbolisch zu verstehen, sie stehen nicht für sie selbst. Es kann nie nur ein Teil allein symbolisch sein kann, sondern immer alles. Falls jemand fehlt, kann das darauf hindeuten, dass der Herr sich um deine Herzenshaltung einer Person gegenüber kümmert, für die die Person in deinem Traum steht.

Wofür stehen Tornados?

Ein Tornado ist seiner Art nach kraftvoll, zerstörerisch und konzentriert sich jeweils auf ein bestimmtes Gebiet zu einer bestimmten Zeit. Jesus versicherte uns, dass wir Stürme in unserem Leben haben würden, und ein weiser Mensch bereitet sich darauf vor, weil es zum Leben dazugehört. In Träumen stehen Tornados oft für dämonische Kräfte, die auf Zerstörung aus sind. Dies ist eine Warnung für dich, damit du Zuflucht vor dem Angriff des Feindes suchst.

Bei meiner Frage geht es um die Bedeutung von Gesprächen und Liedern in Träumen. Schon seit meiner Kindheit habe ich immer wirklich lebhafte Träume und in vielen davon gibt es entweder viele Gespräche oder viele Lieder. Von dem was du über wörtliche und symbolische Bedeutung gesagt hast, sind eher die Bilder oder eher der Inhalt von den Gesprächen bzw. Liedern wichtig?

Gespräche sind sehr wichtig und wir wissen, dass die verborgenen Dinge unseres Herzens in unseren Mund überlaufen und auf diese Weise offengelegt werden. In deinem Traum bringt Gott die Dinge ans Licht, die in deinem Herzen verborgen waren. Vielleicht hast du Schwierigkeiten, über Probleme zu sprechen, und deswegen nutzt der Herr Träume, um Dinge, die dich bedrückt haben, von deinem Geist zu nehmen. Ich bräuchte aber mehr Informationen, um das genau einzuordnen. Wichtig ist aber das Gespräch zwischen den beteiligten Personen und deren Herzenshaltung beim Sprechen.

Der Ursprung von Musik liegt in Gott und ein fröhliches Lied macht ihm Ehre. Offensichtlich passiert gerade viel in deinem Leben, das Gott zum Vorschein bringen will, daher all die Gespräche und Lieder. Gott möchte etwas aus deiner Kindheit zur Welt bringen, das bisher noch nicht »geboren« ist. Es kann sein, dass du etwas aus Furcht vor einem Glaubensschritt zurückhältst. Ich habe in meinem Geist den Eindruck, dass du eine sehr sicherheitsbewusste Person bist, immer auf Nummer Sicher gehst und kein Risiko eingehst, weil du Angst hast, einen Fehler zu machen oder enttäuscht zu werden. Ich denke, Gott trainiert dich durch deine Träume darauf, dich mit ihm hinauszuwagen und die Dinge zur Welt zu bringen, die er in dich hineingelegt hat.

Ich wüsste gerne, was es bedeutet, wenn man in seinem Traum keine Stimme hat. Viele meiner Träume spielen in der Gemeinde. Ich versuche, jemanden davon abzuhalten, etwas Bestimmtes zu tun. Manchmal sage ich ihnen, was sie tun sollen, doch es kommt einfach kein Laut. Ich öffne meinen Mund und forme die Worte, doch es bleibt still.

Die Stimme des Herrn, so sagt es uns die Bibel, wird auf Erden gehört werden. »Horcht auf, ihr Himmel, denn ich will reden, und du, Erde, höre die Rede meines Mundes!« (5Mo 32,1). »Kommt herzu, ihr Heiden, um zu hören, und ihr Völker, horcht auf! Es höre die Erde und was sie erfüllt, der Erdkreis und alles, was ihm entsprosst!« (Jes 34,1).

Bei der Botschaft geht es um den Inhalt, die Lautstärke und die Wirksamkeit dessen, was Gott sagt. Für mich ist klar, dass trotz der vielen Dinge, die du zu tun versuchst, es bei allem an Wirkkraft und Erfolg mangelt. Du spürst diese Wirkungslosigkeit und dies ruft Frustration in dir hervor. Du musst gegen alles beten, das deine Wirksamkeit im Reich Gottes hemmt. Um dein Ziel zu erreichen, brauchst du eine Stimme. Also musst du zielgenau beten, damit deine Stimme hörbar wird. Du wirst die Schlüssel zu zielgenauem Gebet in deinen Träumen finden, und Gott wird dir seine Engel senden, damit sie dir helfen, wirksam und fruchtbar zu sein, nicht nur stimmlich, sondern auch geistlich.

Was bedeutet es, dass man manchmal in lebhaften Farben und manchmal ganz ohne Farbe träumt?

Wenn du in Schwarz-Weiß träumst, bedeutet das für gewöhnlich, dass es da keine Grauzonen gibt. Es geht um eine Entscheidung und die Antwort ist »ja« oder »nein«. Es geht um eine Sache, die bei Gott ganz eindeutig und entschieden ist, und niemand kann daran etwas ändern. Farben dienen oft der Verstärkung. Farben sind wichtig, um dir bei der Deutung des Traumes zu helfen. Zum Beispiel: das rote, das weiße und das schwarze Pferd in der Offenbarung repräsentieren verschiedene Dinge. Doch wenn solch eine Unterscheidung nicht notwendig ist, symbolisieren Schwarz und Weiß eine klare Entscheidung zwischen »ja« und »nein« – das ist alles.

Was bedeutet es, wenn man träumt, dass man seine Zähne verliert – dass sie alle ausfallen?

Das ist ein wunderbarer Traum. Hebräer 5, 13 sagt: »Wer nämlich noch Milch genießt, der ist unerfahren im Wort der Gerechtigkeit; denn er ist ein Unmündiger.« Die feste Speise hingegen ist für jene, die reif sind, wie Hebräer 5,14 sagt: »Die feste Speise aber ist für die Gereiften, deren Sinne durch Übung geschult sind zur Unterscheidung des Guten und des Bösen.« Doch zuerst musst du deine »Milchzähne« verlieren, um Platz zu machen für Zähne, die für feste Speise geeignet sind. Diese feste Speise besteht in der Unterscheidung zwischen den toten Werken und dem Glauben an Gott und der Erkenntnis seiner Gerechtigkeit.

Was bedeutet es, wenn man im Traum fliegt? Was heißt es, wenn man selbst fliegt, also nicht unbedingt in einem Flugzeug?

Das ist ein großartiger Traum und sehr bedeutungsvoll, weil wir nicht zum Fliegen gemacht sind. Es bedeutet, dass du in den dritten Himmel entrückt wirst. Flugzeuge sind prophetisch, es bedeutet in der Regel, dass du in eine Offenbarung hineinkommst. Du erhebst dich über die Erde. Du bleibst nicht auf der Erde, welche braun und gelb ist, sondern fliegst höher und höher ins Blaue und in die höheren Farben hinein. Wenn du fliegst, bedeutet das, dass du eine Offenbarung bekommst, die dein eigenes Verständnis der Dinge ersetzt.

Was bedeutet es, wenn man wiederholt einen Traum hat, in dem man schwanger ist, ohne dass es zu einer Geburt käme?

Es bedeutet ganz einfach, dass man schwanger ist. Es gibt eine Bibelstelle, die über geistliche Geburt spricht. »Jesus antwortete:

Wahrlich, wahrlich, ich sage dir: Wenn jemand nicht aus Wasser und Geist geboren wird, so kann er nicht in das Reich Gottes eingehen! Was aus dem Fleisch geboren ist, das ist Fleisch, und was aus dem Geist geboren ist, das ist Geist. Wundere dich nicht, dass ich dir gesagt habe: Ihr müsst von Neuem geboren werden! Der Wind weht, wo er will, und du hörst sein Sausen; aber du weißt nicht, woher er kommt und wohin er geht. So ist jeder, der aus dem Geist geboren ist. (Joh 3,5–8). Und Jesaja 66,9 sagt: »Sollte ich bis zum Durchbruch bringen und doch nicht gebären lassen?, spricht der HERR. Sollte ich, der ich gebären lasse, [die Geburt] verhindern?, spricht dein Gott.«

Du versuchst, Gottes Absichten mit deinem Leben geistlich zur Welt zu bringen und hast große Schmerzen (Wehen) dabei. Du bist den Weg nicht bis zum Ende gegangen, doch du bist bereit, den Dienst oder die Sache, die du für den Herrn tun möchtest, zur Welt zu bringen. Vielleicht hast du Angst, diesen Prozess zu durchleben, und der Traum offenbart, dass du Frustrationen in dir trägst. Du bist immer bis zu dem Punkt gekommen, an dem du geistlich gefüllt und bereit bist, zu geben, aber Angst und andere Gründe haben dich davon abgehalten, die Aufgabe zu erfüllen. Doch heute, durch die Kraft seines Wortes, setze ich dich frei von dieser Angst. Deine Vorsätze haben die vollständige Reife erreicht, der Geburtsprozess soll nun in deinem Leben beginnen. Bring zur Welt, was Gott dir gegeben hat! Es ist Zeit, dass Gott seinen Plan verwirklicht.

Legt man Träume und Visionen, die man im Wachzustand hat, auf die gleiche Weise aus?

Ja, die Grundsätze und Symbole sind genau gleich. Es ist interessant, dass sich Träume und Visionen im Halbschlaf manchmal überlappen. Direkt vor dem Einschlafen, wenn man ganz entspannt und innerlich »leer« ist, kann Gott direkt vom Himmel unseren Geist füllen. Also entweder direkt nach dem Aufwachen oder kurz vor dem Einschlafen.

Wofür stehen Esstische?

Gott hat dich einfach zu einem Festmahl an seinen Tisch eingeladen. Die Offenbarung berichtet von einem wunderbaren Mahl im Himmel. »Und er [der Engel] sprach zu mir: Schreibe: Glückselig sind die, welche zum Hochzeitsmahl des Lammes berufen sind! Und er sprach zu mir: Dies sind die wahrhaftigen Worte Gottes!« (Offb 19,9). Wenn wir sterben, empfangen wir das Wort des Herrn, es ist unsere Speise. Hier sind noch einige weitere Schriftstellen dazu: »Er aber sprach zu ihnen: Ich habe eine Speise zu essen, die ihr nicht kennt!« (Joh 4,32). »Als sie nun aßen, nahm Jesus das Brot und sprach den Segen, brach es, gab es den Jüngern und sprach: Nehmt, esst! Das ist mein Leib« (Mt 26,26). »Jesus aber sprach zu ihnen: Ich bin das Brot des Lebens. Wer zu mir kommt, den wird nicht hungern, und wer an mich glaubt, den wird niemals dürsten« (Joh 6,35). Alle soeben genannten Symbole beziehen sich darauf, von Christus zu empfangen, sein Leben und sein Werk zu empfangen. Wenn du an den Esstisch kommst, kommst du an einen Platz in seinem Leib. Je nachdem, was du an diesem Tisch isst, ruft Gott dich vielleicht in eine Gemeinde, einen Dienstbereich oder eine Bibelschule. Es gibt verschiedene Dinge, von denen Gott eventuell möchte, dass du ein Teil davon wirst.

Was bedeuten Meerestiere, das Schwimmen mit Walen, Schwimmen in der Tiefsee oder Kiemen zu besitzen, mit denen man unter Wasser atmen kann?

Ein herrlicher Traum! Das Meer symbolisiert immer die Welt. Jesus sagte, dass er uns zu Menschenfischern machen wolle. Matthäus 4,19: »Und er spricht zu ihnen: Folgt mir nach, und ich will euch zu Menschenfischern machen!« Fische in einem kleinen Teich bedeuten für gewöhnlich, dass es ein (Stadt-)Gebiet gibt, in dem Menschen mit dem Evangelium erreicht werden müssen. Wenn es aber ein ganzer Ozean ist, steht das für die Welt. Wenn dort ein Schiff auf dem Meer fährt, ist dies ein Dienst an der Welt, zum Beispiel ein evangelistischer Dienst. Wenn du im Meer bist und unter Wasser atmen kannst, dann bist du ein nützliches Werkzeug für Gott **in** der Welt. Dein Traum bedeutet, dass du dort, wo du jetzt gerade bist, bereits eine lebensspendende Quelle für die Menschen bist.

Wofür stehen Bauwerke, Kirchengebäude, große, hohe Bauten und dergleichen? Ich habe geträumt, dass ein Gebäude in sich zusammengestürzt ist. Es wurde völlig zerstört und versank in einer Grube. Es war das größte Gebäude, das ich je gesehen habe.

Gebäude stehen für verschiedene Dinge. Es kann sich dabei um eine Gemeinde handeln, einen Arbeitsplatz oder darum, dass jemand seine Vision zur Welt bringt. Das Zusammenstürzen symbolisiert das Ende dieses bestimmten Dienstes, Unternehmens oder dieser Vision. Die Tatsache, dass es zusammenbricht, bedeutet, dass etwas endet. Wie groß es auch sein mag, wenn es gegen den Herrn gerichtet ist, dann wird es einstürzen. »... sodass wir Vernunftschlüsse zerstören und jede Höhe, die sich gegen die Erkenntnis Gottes erhebt, und jeden Gedanken gefangen nehmen zum Gehorsam gegen Christus« (2Kor 10,5). Gott wird es nicht stehen lassen. Es gibt jene, die sich aus verschiedenen Gründen erheben wie der Turm zu Babel oder die Gott spotten, doch er wird alle starken Türme zum Einstürzen bringen, die gegen ihn oder seinen souveränen Willen gerichtet sind. Sein Name ist unser fester Turm und wir sollten allein von ihm abhängig sein. Wenn du durch Herausforderungen gehst, dann möchte der Herr deine einzige Quelle der Kraft und Stärke sein. Er wird dich Stück für Stück aufbauen, Stein für Stein. Doch er muss der Eckstein sein.

Ich stand mit meinem Mann außen davor und sah, wie es in sich zusammenfiel. Es hieß, es würde gesprengt werden, doch es stürzte von alleine ein. Es hatte ein rotes Dach und darauf standen Leute, die mit in die Grube stürzten. Sie waren mit ihrem Alltag beschäftigt und verhielten sich, als sei alles in Ordnung. Nichts schien sie zu beunruhigen. Ich wollte hingehen und sehen, wie tief die Grube war, doch mein Mann sagte mir, ich solle es lassen.

Es könnte zwei Dinge bedeuten. Als Erstes fällt mir dazu ein, dass du vielleicht mit etwas konfrontiert bist, das dir zu schaffen macht. Du sagtest, es hieß, es würde abgerissen, richtig? Doch dann stürzte es von alleine ein. Die Tatsache, dass dich jemand informierte, bedeutet, dass Gott dir bereits angekündigt hat, dass diese Sache, über die du besorgt bist oder auf die du dich konzentrierst, zu einem Ende kommen würde. Gott wird sich darum kümmern, und du sorgst dich um die Menschen, die dadurch verletzt werden. Ein Dach steht für eine Abdeckung, die vor einem Sturm schützt. In diesem Traum steht die Abdeckung in einem Konflikt, deswegen ist das Dach rot. Der Herr zeigt dir durch diesen Traum, dass die Leiterschaft in der Situation, die dir zu schaffen macht, in einem Konflikt steht und dass auf deinem Herzen eine Last für sie liegt, weil es eine Konsequenz gibt, die zu tragen ist. Das Gebäude symbolisiert ein Unternehmen oder eine Organisation, wobei die Autoritätsstrukturen dort nicht funktionieren, wie sie sollen. Und du stehst mit deinem Mann daneben und ihr beobachtet das Ganze.

Ich frage mich, ob Schlafmittel Träume beeinträchtigen.

Nein, sie beeinträchtigen Träume nicht, aber es ist dann schwieriger, aufzuwachen und sich an den Traum zu erinnern. Wir träumen mit unserem geistlichen Ich. Träume kommen aus dem Geist und die Seele erkennt alle Signale.

Ich bin ständig dabei, mein Auto irgendwohin zu bringen, damit ein Ölwechsel gemacht wird, doch es wird nirgendwo erledigt. Ich bringe es immer wieder woanders hin, an verschiedene Tankstellen, doch immer erfolglos.

Du hast eine geistliche Unzufriedenheit oder ein Bedürfnis, das einfach nicht erfüllt wird. Das Auto zum Ölwechsel zu geben, ist eine Routinearbeit, die regelmäßig fällig ist. Das kann etwas in deinem Verstand sein, das Offenbarung benötigt. Es könnte aber auch sein, dass der Herr dir durch diesen wiederkehrenden Traum sagt: »Ich habe mehr für dich – ich möchte, dass du das Öl wechseln lässt.« Du brauchst einen Durchbruch, um herauszufinden, wohin du gehörst. Manchmal kommt der Dienst, den man braucht, aus dem eigenen Dienst an anderen. Finde den Platz, an den du gehörst, an dem du wirken kannst. Darum hast du diesen wiederkehrenden Traum über das Auto, das einen Ölwechsel benötigt.

Was bedeutet ein Fremder mit einer Maske im Traum?

Ein Fremder ist offensichtlich jemand, den man nicht kennt. Eine Maske verbirgt die wahre Identität einer Person. Es handelt sich um Falschheit oder Arglist.

Wenn der Ehepartner träumt und dabei mit der natürliche Stimme »Jesus, Jesus, Jesus« ruft, sollte man denjenigen dann aufwecken? Das passiert Nacht für Nacht.

Frag ihn, ob du ihn in dem Fall wecken solltest. Ich würde so jemanden nicht aufwecken. Ich würde ihn durch den Traum gehen lassen. Es handelt sich um etwas, was derjenige durchlaufen und verarbeiten muss.

Was bedeutet es, wenn Kinder von Tieren träumen und im Traum zwei Tiere zu einem verschmelzen, wie ein Walross und ein Bär?

Wenn ein Walross und ein Bär zu einem Tier verschmelzen, muss man sich die Natur des Bärens und die des Walrosses anschauen, denn jedes dieser Tiere hat eine symbolische Bedeutung. Gott gebraucht gerne Tiere in Träumen. Eine weitere interessante Tatsache ist, dass man zum Träumen kein bestimmtes Alter braucht, die Deutung jedoch Reife und Weisheit erfordert. Tatsächlich sind Kinder von Natur aus stärker prophetisch begabt, weil sie so sensibel und unverdorben sind. Träume sind Werkzeuge, die ihnen vertraut sind, und die Erwachsenen müssen die Träume deuten und dabei die Erkenntnis des Kindes berücksichtigen.

Mein Kind war davon ganz aufgewühlt, hat geweint und war verängstigt.

Kinder sind sehr feinfühlig für das, was um sie herum geschieht, und können sehr beunruhigt und verängstigt über etwas sein, das in der Schule passiert ist. Kinder wissen noch nicht, wie man Dinge emotional verarbeitet, was dann in ihren Träumen geschieht. Du fragst dein Kind vielleicht: »Wie war's denn in der Schule, Spätzchen?« und es antwortet: »Gut«, aber es war vielleicht doch nicht gut. Es sind Dinge geschehen, über die es sich Sorgen macht, doch es konnte nicht darüber sprechen und so zeigt es sich dann im Traum. Als Elternteil musst du deinem Kind Gottes Weisheit vermitteln, indem du dich mit seinen Problemen auseinandersetzt.

Was bedeuten wiederholte Träume über Dämonen, dunkle Himmel und schneidende Winde?

Wiederholte Träume sind ein Zeichen, dass du dich mit einer bestimmten Sache oder einem bestimmten Ereignis in deinem Leben noch nicht auseinandergesetzt hast. Negative, dunkle und dämonische Träume symbolisieren normalerweise Ängste und Frustrationen. Wenn wir nicht bereit sind, Dinge, die uns angetan wurden, zu vergeben und sie hinter uns zu lassen, öffnen wir dem Feind damit die Tür, sodass er uns angreifen und quälen kann. Wenn du in deinen Träumen geplagt wirst, überleg mal, ob es vielleicht eine Person gibt, der du noch nicht vergeben hast und gegen die du insgeheim einen Groll hegst. Wenn ja, solltest du dich entscheiden, ihr von Herzen zu vergeben. So wird die Tür für den Feind geschlossen. Er kann dich dann nicht mehr mit negativen Gedanken und Gefühlen angreifen. Und weil dein Herz Frieden hat, wirst du auch im Traum nicht mehr gequält werden.

… und ein wiederholter Traum, dass man eine Spinne im Raum anstarrt?

Spinnen weben Netze, in denen sie ihre Beute auf leise und unvorhergesehene Weise fangen. Dass du die Spinne anstarrst, bedeutet, dass du dir der Maschen und Pläne des Feindes bewusst bist. Gott hat dir eine scharfe Unterscheidungsgabe gegeben und er will, dass du sie gebrauchst. Starre die Spinne nicht nur an, tu etwas gegen sie. Gott ruft dich dazu auf, die Gabe der Unterscheidung zu gebrauchen, die dir gegeben wurde. Anscheinend machst du dir Sorgen um Freunde oder deine Familie und du siehst, wie die Dinge sein sollten und die Angriffe des Feindes in ihrem Leben. Du bist dir dessen bewusst, deshalb solltest du etwas dagegen tun.

Diesen Traum hatte ich als Kind. Als ich jemandem davon erzählte, hörte es auf und ich hatte den Traum nie wieder.

Diese kleine Information ändert alles. Ich weiß nicht, warum der Traum aufhörte, nachdem du jemandem davon erzählt hattest. Vielleicht hat jemand für dich gebetet. Eine Spinne baut eine Falle, um ihre Beute zu fangen, und sie ist immer geschäftig und versteckt sich.

Was, wenn man einen Traum von einem opulenten Fünf-Sterne-Hotel hat, aber im Traum weiß, dass es ein Flugzeug ist?

Ein Fünf-Sterne-Hotel ist kein Zuhause, es ist ein Ort, an den man einkehrt. Es bedeutet Versorgung und Segen für dich. Wenn das Hotel ein Flugzeug ist, heißt das, dass Gott in deinem Dienstbereich Versorgung schenkt, damit der Dienst funktionsfähig und angenehm ist.

Was bedeutet es, wenn man von seinen Großeltern träumt?

Großeltern stehen normalerweise für etwas, das früher geschehen ist, für deine Abstammung. Es kann heißen, dass du dich noch nicht mit etwas auseinandergesetzt hast oder dass etwas aus deiner Vergangenheit unvollendet ist.

Was bedeutet es, wenn man von seiner Vergangenheit träumt? Ich bin ein jüdischer Gläubiger (wiedergeborener Jude), aber niemand sonst in meiner Familie ist errettet. In diesen Träumen bin ich meistens in einem älteren Haus, in dem wir früher lebten. Mein Bruder, meine Mutter und mein Vater sind auch da und ich bin erwachsen. Ich scheine einfach »dort zu sein«.

All das ist symbolisch. Dass du von der Vergangenheit träumst, bedeutet, dass der Herr dir Dinge zeigt, die noch nicht vollendet sind. Frag den Herrn, womit du dich noch auseinandersetzen musst.

Gott zeigt sich sehr gütig, indem er uns hilft, mit Dingen abzuschließen, und unsere Herzen heilt. Jesus sagte, dass wir ihn bitten sollen, uns zu helfen, damit unsere Freude vollkommen sei. »Bis jetzt habt ihr nichts in meinem Namen gebeten; bittet, so werdet ihr empfangen, damit eure Freude völlig wird!« (Joh 16,24). Dass du in der Vergangenheit bist, hat nichts mit dem Haus oder deiner Familie zu tun, sondern bezieht sich eher auf Bereiche in deinem Herzen, die schmerzen und die noch nicht geheilt sind oder mit denen du dich noch nicht auseinandergesetzt hast. Vielleicht ist dir in deiner Kindheit etwas widerfahren. Manchmal werden Menschen missbraucht und erinnern sich gar nicht daran, sie verdrängen es komplett. Etwas Furchtbares ist ihnen zugefügt worden, doch sie erinnern sich überhaupt nicht daran. Wahrscheinlich will Gott in deinem Leben etwas zum Vorschein bringen, das er heilen möchte.

Was bedeutet es, wenn man im Traum in völliger Dunkelheit herumläuft?

Der Herr Jesus ist das Licht der Welt, nicht wahr? Er spendet Licht und er selbst ist das Licht. »Nun redete Jesus wieder zu ihnen und sprach: Ich bin das Licht der Welt. Wer mir nachfolgt, wird nicht in der Finsternis wandeln, sondern er wird das Licht des Lebens haben« (Joh 8,12). Er erhellt die Finsternis. Wenn du also im Dunklen umherläufst, dann bist du nicht erleuchtet und unwissend. Du weißt dann entweder nichts oder hast nicht alle notwendigen Informationen.

TRAUM-WÖRTERBUCH

Achterbahn – außer Kontrolle

Positiv: Begeisterung, schnelle Bewegung; Dinge scheinen sich zu schnell zu bewegen, jedoch innerhalb eines kontrollierten Rahmens; Schutz

Negativ: Instabilität, Untreue, Prüfungen, unzuverlässig; Dinge bewegen sich zu schnell

Bibelstellen: Jes 40,4

Jak 1,6–8: Er bitte aber im Glauben und zweifle nicht; denn wer zweifelt, gleicht einer Meereswoge, die vom Wind getrieben und hin- und hergeworfen wird.

Adler – Prophet / Prophetischer Dienst

Positiv: Leiter, Prophetie; jemand der prophetisch dient; die Nation USA

Negativ: Zauberer, Raubtier

Bibelstellen: 2Mo 19,4 | Jes 46,11 | Hiob 39,27

Ps 103,5: der dein Alter mit Gutem sättigt, dass du wieder jung wirst wie ein Adler.

Alligator (auch Leviathan, Krokodil & Dinosaurier) – Altertümlich / Verborgen

Negativ: Böses aus der Vergangenheit, Täuschung; altertümliche dämonische Kraft, die zu zähmen des Menschen Fähigkeit übersteigt; Warnung vor Gefahr oder einer Falle, Zerstörung

Bibelstellen: Ps 74,14 | Ps 104,26 | Jes 27,1 | Lk 13,32

Hiob 40,25: Ziehst du etwa den Leviathan mit der Angel heraus, und kannst du seine Zunge mit einer Fangschnur fassen?

Altar – Opfer oder Gabe

Positiv: Opfer oder Gabe mit einer bestimmten Absicht; Jesus, Lamm Gottes, Anbetung, Buße, Gebet, Dankbarkeit, Selbstverleugnung, Herzensänderung

Bibelstellen: 1Mo 33,20 | 1Mo 35,7 | 2Mo 27,1 | 2Chr 4,1 | 2Chr 7,1.3 | 2Sam 24,18–25 | Apg 17,23

1Mo 8,20: Noah aber baute dem HERRN einen Altar und nahm von allem reinen Vieh und von allen reinen Vögeln und opferte Brandopfer auf dem Altar.

Ameise – fleißig, emsig / bissige Worte

Positiv: hart arbeitend, emsig, gewissenhaft, vorbereitet, weise

Negativ: lästig; ärgerliche oder beißende/bissige Worte

Bibelstellen: Spr 30,25

Spr 6,6–8: Geh hin zur Ameise, du Fauler, sieh ihre Wege an und werde weise: Obwohl sie keinen Anführer hat, weder Vorsteher noch Herrscher, bereitet sie dennoch im Sommer ihr Brot und sammelt in der Erntezeit ihre Speise.

Anker - Hoffnung

Positiv: Zusicherung von Hoffnung, unerschütterliche Sicherheit, Stärke und Beständigkeit in Zeiten von Anfechtung oder Zweifel

Bibelstellen: Hebr 6,19

Apg 27,13: Da nun ein schwacher Südwind wehte, meinten sie, sie hätten ihre Absicht erreicht, lichteten die Anker und segelten nahe bei der Küste von Kreta hin.

Anstrich - Überzug / Erfrischung

Positiv: Renovierung, Wiederherstellung, Schutz

Negativ: verdecken, verheimlichen, Sünde

Bibelstellen: 1Petr 4,8 | Tit 3,5

Jer 22,14: der spricht: »Ich will mir ein geräumiges Haus und weite Obergemächer bauen«, und sich Fenster machen lässt und es mit Zedern täfelt und mit roter Farbe anstreicht!

Antilope - Flink / Verletzlich

Positiv: freundlich, flink, anmutig, fähig Hindernisse zu überwinden (überspringen)

Negativ: verletzlich, gefangen, gejagt, schwach

Jes 51,20: Deine Kinder sanken ohnmächtig hin; sie lagen an allen Straßenecken, wie eine Antilope im Netz, und waren voll von dem grimmigen Zorn des HERRN und von dem Schelten deines Gottes.

Antiquitäten – Segen / Fluch

Positiv: generationenübergreifender Segen; erinnert an die Vergangenheit und spiegelt sie wider

Negativ: generationenübergreifender Fluch; in der Vergangenheit leben und diese widerspiegeln

Jer 6,16 (NLB): Und deshalb spricht der Herr auch: »Bleibt stehen! Schaut euch um! Erkundigt euch nach den Wegen, auf denen eure Vorfahren gegangen sind, und prüft, was der Weg ist, der mir gefällt! Auf dem sollt ihr gehen. Dann werdet ihr innerlich ruhig werden. Doch ihr entgegnet: ›Nein, auf diesem Weg wollen wir nicht gehen!‹«

Äpfel – geistliche Früchte / Versuchung

Positiv: geistliche Frucht, Liebe, Prophetische Rede, Sicherheit, Vollendung, fertiges Produkt

Negativ: Versuchung, Verlockung, negativer Reiz

Bibelstellen: Gal 5,22–23 | Zef 2,8 | 5Mo 32,10 | Spr 25,11

Ps 17,8: Behüte mich wie den Augapfel im Auge, beschirme mich unter dem Schatten deiner Flügel

Arbeitgeber – Autorität / Versorger

Positiv: Autoritätsposition, Pastor, Christus

Negativ: Satan, böser Herrscher, strenger Aufseher

Bibelstellen: Kol 4,1 | 1Mo 39,20 | Jes 19,4

Mt 18,27: Da erbarmte sich der Herr dieses Knechtes und gab ihn frei und erließ ihm die Schuld.

Arche

siehe Bundeslade

Arm – Rettung / Kampf

Positiv: Stärke, Rettung, Hilfe, Retter
Negativ: Angreifer, Anklage, Angriff, heftiger Widerstand, Kampf
Bibelstellen: 2Kö 17,36 | 2Chr 32,8 | Ps 77,15 | Jes 30,32 | Jes 33,2 | Jes 59,16 | Jer 32,17 | Apg 13,17
5Mo 7,18–19: Gedenke doch an das, was der HERR, dein Gott, dem Pharao und allen Ägyptern getan hat; an die gewaltigen Prüfungen, die deine Augen gesehen haben, an die Zeichen und Wunder und an die starke Hand und den ausgestreckten Arm, mit denen der HERR, dein Gott, dich herausgeführt hat. So wird der HERR, dein Gott, an allen Völkern handeln, vor denen du dich fürchtest!

Armee(n) – Krieger / dämonisch

Positiv: kämpfende Engel, Göttliche Armee, geistliche Kampfführung, bevollmächtigt
Negativ: dämonische Mächte, vom Menschen ausgesandt, fleischliche Wege, dämonische Attacke
Bibelstellen: 4Mo 20,20 | 5Mo 20,1 | Jos 5,14
1Chr 12,23: Auch kamen alle Tage etliche zu David, um ihm zu helfen, bis es ein großes Heer wurde, wie ein Heer Gottes.

Arzt – Heilung / Wiederherstellung

Positiv: Arzt, Wiederherstellung, Geist Christi
Negativ: Krankheit
Bibelstellen: Mk 2,17 | Mk 5,26 | 2Chr 16,12
Lk 4,23: Und er sprach zu ihnen: Gewiss werdet ihr mir dieses Sprichwort sagen: Arzt, heile dich selbst! Die großen Taten, von denen wir gehört haben, dass sie in Kapernaum geschahen, tue sie auch hier in deiner Vaterstadt!

Asche – demütig werden / Verderben, Zerstörung

Positiv: Buße, Abkehr von Sünde; Bewusstsein, wie sehr wir Gott brauchen
Negativ: Verwüstung, Ruin, Zerstörung, Selbsthass
Bibelstellen: Ps 102,9 | Hiob 13,12 | Hiob 42,6
2Mo 9,8: Da sprach der HERR zu Mose und Aaron: Nehmt eure Hände voll Ofenruß, und Mose soll ihn zum Himmel werfen vor dem Pharao!

Atombombe – Gewaltige Kraft / Zerstörung

Positiv: Kraft des Heiligen Geistes, Ausgießung, Wunder wirkende Kraft
Negativ: plötzlicher Schrecken, Zeichen der letzten Tage, Zerstörung
Bibelstellen: Apg 1,8 | Apg 2,17.19
1Thess 5,3: Wenn sie nämlich sagen werden: »Friede und Sicherheit«, dann wird sie das Verderben plötzlich überfallen wie die Wehen eine schwangere Frau, und sie werden nicht entfliehen.

Aufzug – die Position verändern / Gottes Beförderung

Positiv: hochhebend, erhöhend, Eintritt in den geistlichen Raum
Negativ: senken, herunterdrücken, widerstreben, Versuchung, Rückfall
Bibelstellen: Spr 3,35 | 1Petr 5,5
Offb 4,1: Nach diesem schaute ich, und siehe, eine Tür war geöffnet im Himmel; und die erste Stimme, die ich gleich einer Posaune mit mir reden gehört hatte, sprach: Komm hier herauf, und ich will dir zeigen, was nach diesem geschehen muss!

Augen – Fenster des Herzens / Sehnsucht

Positiv: Leidenschaft, Offenbarung, tiefe Sehnsucht, unterscheidend, kritisch
Negativ: hochmütig, arrogant, Wollust, Unglaube
Bibelstellen: Spr 23,5 | Eph 1,18 | Lk 11,34
5Mo 3,21: Und Josua gebot ich zu jener Zeit und sprach: Deine Augen haben alles gesehen, was der HERR, euer Gott, an diesen beiden Königen getan hat; so wird der HERR an allen Königreichen handeln, zu denen du hinüberziehst.

Automobil – Gemeinde / Persönlicher Dienst / Verlust

Positiv oder negativ je nach Verhalten und Zustand des Fahrzeugs (z. B. in Unfall verwickelt, in Bewegung, stehend, groß, klein usw.).

Positiv: Dienst, persönliches Leben, Lebendigkeit, Berufung, geistlicher Kampf

Negativ: Hindernisse, Krankheit, Stolz, Verschwendung, Verlust, Unfriede, Kämpfe

Bibelstellen: 2Kö 2,11–12 | 2Kö 10,16 | 1Thess 2,18 | Apg 8,28–38

1Mo 41,43: und er ließ ihn auf seinem zweiten Wagen fahren; und man rief vor ihm aus: »Beugt eure Knie!« Und so wurde er über das ganze Land Ägypten gesetzt.

Axt – Wahrheit / Urteil

Positiv: Evangelium, Verkündigung, Wahrheit, Mahnruf, Buße, ausgerüstet, stark

Negativ: Lügen, Tadel, unbußfertig, Urteil

Bibelstellen: Pred 10,10 | Spr 27,17

Mt 3,10: Es ist aber auch schon die Axt an die Wurzel der Bäume gelegt. Jeder Baum nun, der keine gute Frucht bringt, wird abgehauen und ins Feuer geworfen!

Baby – Neues Leben / Unreife

Positiv: Reinheit, Hang zur Reinheit, Verlangen nach reiner geistlicher Nahrung, Beginn, neues Leben

Negativ: unreif, egoistisch, fleischlich motiviert, leicht zu beeinflussen

Bibelstellen: Jak 1,4 | Hebr 5,12–14

1Petr 2,2: und seid als neugeborene Kindlein begierig nach der unverfälschten Milch des Wortes, damit ihr durch sie heranwachst

Backen – Anbetung / Anfechtungen

Positiv: Gastfreundschaft, Gottes Versorgung, Anbetung, Reinigung, ein Akt des Gehorsams
Negativ: »im Feuer«, Prüfung, Anfechtung
Bibelstellen: 1Mo 25,34 | 3Mo 26,26 | 3Mo 23,17
Dan 3,16–18: Sadrach, Mesach und Abednego antworteten und sprachen zum König: Nebukadnezar, wir haben es nicht nötig, dir darauf ein Wort zu erwidern. Wenn es so sein soll – unser Gott, dem wir dienen, kann uns aus dem glühenden Feuerofen erretten, und er wird uns bestimmt aus deiner Hand erretten, o König! Und auch wenn es nicht so sein soll, so wisse, o König, dass wir deinen Göttern nicht dienen und auch das goldene Bild nicht anbeten werden, das du aufgestellt hast!

Badezimmer – Befreiung / Wollust

Positiv: Buße, Bekenntnis, Heilung, Reinigung, Befreiung
Negativ: Wollust, Begierden des Fleisches
Bibelstellen: Spr 17,14 | 2Sam 11,24 | Joh 13,10
Jes 1,16: Wascht, reinigt euch! Tut das Böse, das ihr getan habt, von meinen Augen hinweg; hört auf, Böses zu tun!

Ballerina – Anbetung / Stolz

Positiv: Freude; repräsentiert Tanzen/Anbetung vor dem Herrn; diszipliniert, fokussiert, hingegeben; die Aufgaben für den Herrn gewissenhaft ausführen

Negativ: Täuschung; vorgebend, Gott zu dienen; Aufmerksamkeit auf sich ziehen, Hochmut

Hinweis: Aufgrund der besonderen Art des Balletttanzes kann es auch hierfür stehen: starre, eingefahrene Wege; die Freiheit in der Beziehung mit dem Herrn nicht genießen

Ps 149,3: Sie sollen seinen Namen loben im Reigen, mit Tamburin und Laute ihm lobsingen!

2Tim 3,5: dabei haben sie den äußeren Schein von Gottesfurcht, deren Kraft aber verleugnen sie.

Bananen – wohltuend, gesund / seelisch

Positiv: Bananen enthalten viele Mineralien und Vitamine – freundlich, sanft, gesund, angenehm, energetisch, Enthusiasmus, zuversichtlich, von Natur aus echt/ehrlich

Negativ: gelbe Haut – Neid, Selbstdarstellung, emotional, seelisch, Tratsch, Hass, Rebellion, Rückschritt/Rückfall

Mt 3,8: So bringt nun Früchte, die der Buße würdig sind!

Mt 7,15–17: Hütet euch aber vor den falschen Propheten, die in Schafskleidern zu euch kommen, inwendig aber reißende Wölfe sind! An ihren Früchten werdet ihr sie erkennen. Sammelt man auch Trauben von Dornen, oder Feigen von Disteln? So bringt jeder gute Baum gute Früchte, der schlechte Baum aber bringt schlechte Früchte.

Bank - Belohnung / Kontrolle

Positiv: verlässlich, Sicherheit, gerettet oder rettend, gewiss, himmlische Belohnung
Negativ: vorenthalten/zurückhalten, abwehrend, beherrschend
Bibelstellen: Mt 6,20
Lk 19,23: Warum hast du dann mein Geld nicht auf der Bank angelegt, sodass ich es bei meiner Ankunft mit Zinsen hätte einziehen können?

Bär - beschützend / Gefahr

Positiv: Stärke, Krieger, entschlossen, beschützend
Negativ: Gefahr, Isolation, Einschüchterung, Zerstörung, erbitterter Widerstand
Bibelstellen: Dan 7,5 | Jes 11,7 | Offb 13,2 | Am 5,19 | 2Kö 2,23–24 | Spr 17,12
2Sam 17,8: Und Husai sprach: Du kennst deinen Vater wohl und seine Leute [und weißt], dass sie Helden sind und voll wilden Mutes, wie eine Bärin auf [freiem] Feld, die ihrer Jungen beraubt ist; dazu ist dein Vater ein Kriegsmann, sodass er nicht bei dem Volk übernachten wird.

Bauer - Arbeiter / Gott

Positiv: Pastor, Seelsorger, Arbeiter im Königreich
Negativ: Werke des Fleisches, falscher Gott
Hinweis: Der Bauernhof selbst steht für einen bestimmten Dienst oder Bereich in der Arbeit für das Königreich.
Bibelstellen: Joh 15,1 | Mk 4,14 | 2Kor 9,10

Jak 5,7 (HFA): Meine Brüder und Schwestern, wartet geduldig, bis der Herr kommt. Muss nicht auch der Bauer mit viel Geduld abwarten, bis er die kostbare Ernte einfahren kann? Er weiß, dass die Saat dazu den Herbstregen und den Frühlingsregen braucht.

Baum – Nationen / Leiterschaft

Positiv: Bedeckung, Leiterschaft, Zufluchtsort, Unterschlupf
Negativ: falsche Anbetung, Selbstverherrlichung, böser Einfluss, Götzendienst
Bibelstellen: Ps 52,8 | Ps 37,35 | 2Kö 17,10
Hes 17,24: Und alle Bäume des Feldes sollen erkennen, dass ich, der HERR, den hohen Baum erniedrigt und den niedrigen Baum erhöht habe; dass ich den grünen Baum verdorren ließ und den dürren Baum zum Grünen brachte. Ich, der HERR, habe es gesagt und werde es auch ausführen.

Beine – Unterstützung / Fähigkeit

Positiv: Geist, Stärke, für eine Aufgabe ausgerüstet
Negativ: gebrochener Geist, nicht gestützt, Schwäche, schlecht ausgestattet
Bibelstellen: 3Mo 7,32–34 | Jes 47,2
Spr 26,7: Die Beine des Lahmen hängen schlaff herunter: so ist ein weiser Spruch im Mund der Toren.

Berg – Erhöhung, Verehrung / Gottes Herrlichkeit

Positiv: Versammlungsort, das Königreich Gottes, Gegenwart Gottes, Glaube

Negativ: schwierige Herausforderung, Hindernis, mangelnder Glaube

Bibelstellen: Jos 14,12 | Offb 6,14 | 2Mo 19,20

Mk 9,2: Und nach sechs Tagen nimmt Jesus den Petrus und den Jakobus und den Johannes zu sich und führt sie allein beiseite auf einen hohen Berg. Und er wurde vor ihnen verklärt.

Besen – Reinigung / Hexerei, Zauberei

Positiv: »Hausputz«, Abkehr von Sünde, Lösen von alten Gewohnheiten

Negativ: Flüche, Zauberei

Bibelstellen: Gal 5,19–20

Joh 2,15: Und er machte eine Geißel aus Stricken und trieb sie alle zum Tempel hinaus, samt den Schafen und Rindern, und den Wechslern verschüttete er das Geld und stieß die Tische um.

Betrunken – Beeinflusst

Positiv: Salbung des Heiligen Geistes, Gottes Heilung und Beruhigung

Negativ: Fremdbestimmt, abhängig, süchtig, Schwäche, Rebellion

Bibelstellen: Eph 5,18 | Lk 21,34 | Spr 14,16 | 2Kor 4,2 | Hos 4,18

Jes 29,9 (HFA): Starrt einander nur an, bis ihr vor Entsetzen erstarrt! Verschließt nur weiter eure Augen, bis ihr wirklich blind seid! Ihr wankt, doch nicht weil ihr vom Wein berauscht seid; ihr torkelt, aber nicht weil ihr zu viel getrunken habt.

Bett oder Schlafzimmer – Ruhe, Erholung / fleischlicher Bund

Positiv: Errettung, Meditation, Intimität, Ungestörtheit, Frieden, Bund, Ruhe

Negativ: fleischlicher Bund, Sünde, Ehebruch, Wollust

Bibelstellen: Hebr 13,4 | Ps 139,8

Ps 4,4 (NGÜ): Wenn ihr zornig seid, dann versündigt euch dabei nicht! Denkt nachts auf eurem Lager nochmals nach und schweigt!

Bewegung – Veränderung / Neubeginn

Positiv: Gott gewirkte Veränderung, Umzug/Wohnungswechsel, Änderung der Einstellung, Wechsel in anderen Dienst

Negativ: Verweigerung zur Veränderung, eigensinnig, festgefahren

Bibelstellen: Apg 7,2

Hes 12,3: Darum, du Menschensohn, bereite dir die Sachen zum Fortziehen und zieh bei Tag vor ihren Augen fort! Vor ihren Augen sollst du von deinem Wohnort an einen anderen Ort ziehen; vielleicht werden sie es bemerken, denn sie sind ein widerspenstiges Haus.

Bibliothek – Wissen / Ressource

Positiv: Weisheit, Ausbildung, Lernen, Forschung, Informationen erhalten

Negativ: Ablenkung (z. B. laute Bibliothek), Mangel an Ressourcen/Material

Bibelstellen: Jak 3,13–15 | 1Kor 8,1 | Röm 2,20

2Tim 2,15: Strebe eifrig danach, dich Gott als bewährt zu erweisen, als einen Arbeiter, der sich nicht zu schämen braucht, der das Wort der Wahrheit recht teilt.

Bieber – Erbauer / Blockade

Positiv: hart arbeitend, unablässig geschäftig, schlau, kreativ
Negativ: egoistisch; baut Hindernisse, die den Geist am Fließen hindern
Spr 24,3: Durch Weisheit wird ein Haus gebaut, und durch Einsicht wird es fest gegründet.

Bienen – Fleißiger Arbeiter / Tratsch

Positiv: in der Lage, süß schmeckende, begehrenswerte Nahrung zu produzieren; hart arbeitender Team-Spieler; befolgt Befehle
Negativ: stechende oder beißende Worte, umzingelnd, Feind, Bedrängnis
Bibelstellen: 3Mo 20,24 | Ps 118,12
5Mo 1,44: Da rückten die Amoriter aus, die auf jenem Bergland wohnten, euch entgegen; und sie jagten euch, wie es die Bienen tun, und zersprengten euch in Seir bis nach Horma.

Bild – Erinnerung, Gedächtnis / Wahrnehmung

Positiv: Erfahrung aus der Vergangenheit, Ethos/Moral, Vorstellungskraft
Negativ: Erfahrung aus der Vergangenheit, Schuld, Scham
Bibelstellen: Hebr 9,14 | 4Mo 33,52

Mt 26,13: Wahrlich, ich sage euch: Wo immer dieses Evangelium verkündigt wird in der ganzen Welt, da wird man auch von dem sprechen, was diese getan hat, zu ihrem Gedenken!

Binden oder Gebunden – Heilung / verletzt

Positiv: Bund, vervollständigt; Heilung von Verletzung aus der Vergangenheit (emotional oder körperlich)

Negativ: sündige Gebundenheit, Verletzung, verwundet

Bibelstellen: Spr 6,21 | Jes 61,1 | Mt 16,19 | Ps 147,3

Jes 30,26: Und das Licht des Mondes wird dem Licht der Sonne gleichen, das Licht der Sonne aber wird siebenmal stärker sein, wie das Licht von sieben Tagen, zu der Zeit, da der HERR den Schaden seines Volkes verbinden und die ihm geschlagenen Wunden heilen wird.

Blätter – Worte des Lebens

Positiv: bedeckend, Bund, Zeugnis, geistliche Lehre, Heilung

Negativ: gebrochener Bund, Selbstrechtfertigung, Scham, zeitlich begrenzt, schlechter Gesundheitszustand

Bibelstellen: Mt 21,19 | Jes 64,6 | 1Mo 3,7

Offb 22,2: mitten auf ihrer Straße und auf beiden Seiten des Stromes Bäume des Lebens, die tragen zwölfmal Früchte, jeden Monat bringen sie ihre Frucht, und die Blätter der Bäume dienen zur Heilung der Völker.

Blech(-dose) - Abfall / falsch

Positiv: Reinigung/Läuterung, unterstützende Rolle, Abdeckung

Negativ: billig, Nachahmung, ineffektive Abdeckung, Prüfung/Drangsal

Bibelstellen: 4Mo 31,22

Hes 22,18–20: Menschensohn, das Haus Israel ist mir zu Schlacken geworden! Sie alle sind wie Erz, Zinn, Eisen und Blei im Schmelzofen; zu Silberschlacken sind sie geworden. Darum spricht GOTT, der Herr: Weil ihr alle zu Schlacken geworden seid, darum, siehe, will ich euch mitten in Jerusalem zusammenbringen; wie man Silber, Erz, Eisen, Blei und Zinn mitten in einem Schmelzofen zusammenbringt und ein Feuer darunter anbläst, um es zu schmelzen, so will ich auch euch in meinem Zorn und in meinem Grimm zusammenbringen, euch hineinlegen und schmelzen.

Blei - gewichtig, schwer

Positiv: verfeinern/veredeln, unterstützend, beurteilen/Urteilsvermögen

Negativ: Last, Urteil, Dummheit

Bibelstellen: Jer 6,27 | Hiob 19,24 | Am 7,7–8 | Sach 5,7–8

2Mo 15,10: Du wehtest mit deinem Wind, da bedeckte sie das Meer; sie versanken wie Blei in den gewaltigen Wassern.

Blind – Gnade / Ignoranz, Unwissenheit

Positiv: Gnade, Barmherzigkeit; nicht auf die Schwächen fokussiert; den Herrn auf eine neue Art und Weise suchen

Negativ: geistliche Blindheit, nichtsehend, naiv, religiöser Geist, töricht, Wollust, Habgier

Bibelstellen: Mt 15,14 | Mt 23,16 | Offb 3,18

Joh 9,25: Da antwortete jener und sprach: Ob er ein Sünder ist, weiß ich nicht. Eines weiß ich: dass ich blind war und jetzt sehend bin!

Blitz – Macht / Erleuchtung, Beleuchtung

Positiv: sofortiges Wunder, Wissen aus einer Offenbarung, Fähigkeit zu sehen

Negativ: Urteil, Anklage, zerstörerische Kraft

Bibelstellen: Ps 144,6 | Lk 10,17–18

Mt 28,3: Sein Aussehen war wie der Blitz und sein Gewand weiß wie der Schnee.

Blut – Sühneopfer / sündiger Bund

Positiv: geistlicher Bund, reinigend, Wiedergeburt, Neuanfang, Vergebung, Barmherzigkeit, Leben, Sühne/Versöhnung

Negativ: sündiger Bund, Verletzung, Trauma, unrein

Bibelstellen: 1Mo 9,6 | 2Mo 12,13 | 2Mo 24,8 | 3Mo 17,11 | Mt 26,28 | Offb 5,9

Hebr 9,12 (LUT): Er ist auch nicht durch das Blut von Böcken oder Kälbern, sondern durch sein eigenes Blut ein für alle Mal in das Heiligtum eingegangen und hat eine ewige Erlösung erlangt.

Boot – Dienst oder Geschäft

Positiv oder negativ, je nach Funktion und Zustand des Bootes. Örtliche Gemeinde, Dienst, persönlicher Dienst, Dienst oder Arbeit in der ganzen Welt. Beurteilung der Größe des Dienstes oder Unternehmens anhand der Größe des Fahrzeugs, z. B. Jetski gegenüber Kreuzfahrtschiff.

Bibelstellen: Ps 18,10 | Apg 27,1–2 | Lk 5,4

Spr 31,14: Sie ist wie ein Kaufmannsschiff; ihre Nahrung bringt sie von ferne.

Braut – Gemeinde / religiös

Positiv: Bund, Zeremonie, Tradition

Negativ: ungöttlicher Bund, religiöse Tradition

Bibelstellen: Jes 62,5 | Eph 5,31–32 | 2Kor 6,14

Offb 19,7: Lasst uns fröhlich sein und jubeln und ihm die Ehre geben! Denn die Hochzeit des Lammes ist gekommen, und seine Frau hat sich bereit gemacht.

Bräutigam – Christus / Bund

Positiv: Heirat, geistlicher Leiter, oberste Leitung, geistliche Autorität

Bibelstellen: Joh 3,29 | Hes 16,8–14

Ps 19,5 (NLB): Sie tritt hervor wie ein strahlender Bräutigam nach der Hochzeit. Sie freut sich wie ein Held, bereit für den Lauf.

Briefmarke - Siegel / Übermittlungsbefugnis

Positiv: Autorität, Bevollmächtigung, machtvoll, gesalbt und freigesetzt zum Dienst

Negativ: unter der Autorität eines bösen Leiters

Bibelstellen: Joh 6,27 | Est 8,8

1Kö 21,8: Und sie schrieb Briefe in Ahabs Namen und versiegelte sie mit seinem Siegel, und sie sandte sie an die Ältesten und die Edlen, die mit Nabot zusammen in seiner Stadt wohnten.

Brot - Wort / beschmutzt

Positiv: Lehre, Bund, die Gemeinde, das Wesentliche, Versorgung

Negativ: verdorbenes, altbackenes oder schimmeliges Brot: ohne Offenbarung, fade, schal, religiöse Tradition, unpassend, entweiht, verunreinigt

Bibelstellen: Jos 9,5 | Mal 1,7 | Ri 7,13–14 | Joh 13,18 | 2Thess 3,8

Mt 4,4: Er aber antwortete und sprach: Es steht geschrieben: »Der Mensch lebt nicht vom Brot allein, sondern von einem jeden Wort, das aus dem Mund Gottes hervorgeht!«

Brücke - Stütze, Unterstützung / Instabilität

Positiv: Glaube, Bund, Stütze

Negativ: wankender Glaube, ungöttlicher Bund, Mangel an Unterstützung

Bibelstellen: 1Mo 32,22 | Jes 43,2

1Kor 10,13: Es hat euch bisher nur menschliche Versuchung betroffen. Gott aber ist treu; er wird nicht zulassen, dass ihr über euer Vermögen versucht werdet, sondern er wird zugleich

mit der Versuchung auch den Ausgang schaffen, sodass ihr sie ertragen könnt.

Bruder – geistlicher Bruder / Rivalität

Positiv: Freund, Ich, geistlicher Bruder; jemand, der einem so vertraut ist wie ein Bruder; Schutz, Fürsorge, Versorgung

Negativ: Eifersucht, Rivalität, Gegner

Bibelstellen: Röm 14,10 | Röm 2,1 | Hebr 13,3 | Spr 17,17 | Hebr 13,1

1Mo 4,9: Da sprach der HERR zu Kain: Wo ist dein Bruder Abel? Er sprach: Ich weiß es nicht! Soll ich meines Bruders Hüter sein?

Buch – Erinnerung, Andenken / Gesetz

Positiv: das Wort Gottes, Zeuge, erinnern, Andenken, Gewissen, Errettung, Belohnung, Gesetz, Erinnerungen

Negativ: schmerzhafte Erinnerungen, Schuld, Aufzeichnungen der Fehltritte, Anklage, Gesetz

Bibelstellen: 2Kor 3,2 | Jos 1,8 | Phil 4,3

Offb 20,12: Und ich sah die Toten, Kleine und Große, vor Gott stehen, und es wurden Bücher geöffnet, und ein anderes Buch wurde geöffnet, das ist das Buch des Lebens; und die Toten wurden gerichtet gemäß ihren Werken, entsprechend dem, was in den Büchern geschrieben stand.

Bügeln – in Ordnung bringen

Positiv: Veränderung, Vorbereitung, Ermutigung, gerechte Unterweisung, Buße, Versöhnung

Negativ: unter Druck, unnachgiebig, starr/steif

Bibelstellen: Eph 5,27 | 2Kor 1,8

Phil 3,14: und jage auf das Ziel zu, den Kampfpreis der himmlischen Berufung Gottes in Christus Jesus.

Bulle – Opfergabe / dickköpfig

Positiv: Sühne, Opfer, Gabe

Negativ: dickköpfig, Anklage, Widerstand, Sünde

Bibelstellen: 2Mo 29,36 | 3Mo 4,3

Hes 43,19: Und den levitischen Priestern, die vom Samen Zadoks sind, die sich zu mir nahen, um mir zu dienen, spricht GOTT, der Herr, sollst du einen jungen Stier als Sündopfer geben.

Bundeslade – Sicherheit / Schutz

Positiv: Stärke, Errettung, Schutz, Ort der Zuflucht, Gebote, heilig, Salbung, Gesetz, Versorgung, Bund, Autorität

Bibelstellen: 2Chr 6,41 | 2Mo 25,16.21.33 | 1Sam 6,19 | Hebr 9,4 | 1Petr 3,20–21

4Mo 10,33: Also zogen sie von dem Berge des Herrn drei Tagereisen weit, und die Lade des Bundes des HERRN zog vor ihnen her diese drei Tagereisen, um ihnen einen Ruheplatz zu erkunden.

Butter – Reichtümer / Betrug

Positiv: Gehorsam, veredelnder oder anreichernder Effekt, Diener des Wortes, heilend, Gedeihen/Wohlstand

Negativ: Ungehorsam, Schönredner, Betrüger

Bibelstellen: Jes 7,15 | Spr 30,33

Ps 55,22: Seine Reden sind glatt wie Butter, aber Krieg hat er im Sinn. Seine Worte sind sanfter als Öl, aber doch gezückte Schwerter.

Cafeteria – Gottesdienst, Dienstleistung / bedürftig

Positiv: Gemeinde, dienendes Herz, Unterweisung, ein Ort zum Lernen, eine Schule, Dienst der Hilfe

Negativ: hungrig, bedürftig

Mt 25,35: Denn ich bin hungrig gewesen, und ihr habt mich gespeist; ich bin durstig gewesen, und ihr habt mir zu trinken gegeben; ich bin ein Fremdling gewesen, und ihr habt mich beherbergt.

Clown – Narr

Positiv: kindlicher Glaube

Negativ: unreif, Torheit, Werke des Fleisches, Unfug

Bibelstellen: Pred 7,4 | Spr 10,23

Spr 12,15: Der Weg des Narren ist richtig in seinen Augen, aber ein Weiser hört auf guten Rat.

Dach – Abdeckung / Schutz

Positiv: Zuflucht/Unterstand; ein Ort, wo man eine bessere Sicht oder Perspektive erlangt

Negativ: Verschlechterung des Schutzes, ungeschützt, entblößt

Bibelstellen: Apg 10,9 | Mt 10,27

2Sam 18,24: David aber saß zwischen den zwei Toren. Und der Wächter ging auf das Dach des Tores zur Mauer hin, und er erhob seine Augen und sah sich um, und siehe, da lief ein Mann allein.

Dachboden - Erinnerungen / negatives Denken

Positiv: positives Denken, Lernen, Bewusstsein für geistliche Welt, gute Erinnerungen

Negativ: negatives Denken, keine Bereitschaft zu Veränderung, Festhalten an Gerümpel aus der Vergangenheit, schlechte Erinnerungen

Bibelstellen: Phil 3,13

Apg 10,9–11: Am folgenden Tag aber, als jene auf dem Weg waren und sich der Stadt näherten, stieg Petrus auf das Dach, um zu beten, etwa um die sechste Stunde. Da wurde er sehr hungrig und wollte essen. Während man aber etwas zubereitete, kam eine Verzückung über ihn. Und er sah den Himmel geöffnet und ein Gefäß zu ihm herabkommen, wie ein großes, leinenes Tuch, das an vier Enden gebunden war und auf die Erde niedergelassen wurde.

Damm - Kraftvoll

Positiv: Quelle großer Kraft, Potenzial, bereitstehende Versorgung

Negativ: beschränkt oder zurückgehalten, gehindert

Bibelstellen: Jos 3,16

Ps 32,6 (LUT): Deshalb werden alle Heiligen zu dir beten zur Zeit der Angst; darum, wenn große Wasserfluten kommen, werden sie nicht an sie gelangen.

Delfin - Unterstützung

Positiv: Helfen liegt in der Natur von Delfinen und man weiß, dass Delfine schon Menschen vor dem Ertrinken gerettet haben. Deshalb kann ein Delfin für eine hilfsbereite und unterstützende Person stehen, die verfügbar ist, wenn Menschen sie brauchen.

Ps 121,3: Er wird deinen Fuß nicht wanken lassen, und der dich behütet, schläft nicht.

Diamant – hart

Positiv: Geistliche Gabe, kostbar, von großem Wert, beständig/unveränderlich

Negativ: unveränderlich, anhaltende schlechte Gewohnheit, wertlos, hartherzig

Bibelstellen: Hes 3,8–9 | Spr 17,8 | Hes 28,13

Jer 17,1 (ZÜB): Mit eisernem Griffel ist die Sünde Judas aufgeschrieben, mit einer Spitze aus Diamant, eingeritzt in die Tafel ihres Herzens und in die Hörner ihrer Altäre.

Dieb – Feind

Positiv: das Geraubte wieder zurückholen, geistliche Kampfführung

Negativ: Täuschung, geistlicher Tod, Satan, Zerstörung, Fleisch, unerwarteter Verlust

Bibelstellen: Joh 10,10 | Spr 29,24

1Thess 5,2–4 (HFA): Ihr wisst selbst ganz genau, dass der Tag, an dem der Herr kommt, so unerwartet eintreffen wird wie ein Dieb in der Nacht. Wenn sich die Leute in Sicherheit wiegen und sagen werden: »Überall ist Ruhe und Frieden«, wird sie das Ende so plötzlich überfallen wie die Wehen eine schwangere Frau. Es wird für niemanden mehr einen Ausweg aus dem Verderben geben. Doch ihr, liebe Brüder und Schwestern, lebt ja nicht in der

Finsternis. Also kann euch der Tag, an dem der Herr kommt, auch nicht wie ein Dieb in der Nacht überraschen.

Donner - Stimme

Positiv: Stimme Gottes, Segen, positive Veränderung
Negativ: Sturm, Urteil, ohne Verständnis
Bibelstellen: Ps 77,18 | 1Sam 7,10
Offb 6,1: Und ich sah, wie das Lamm eines von den Siegeln öffnete, und ich hörte eines von den vier lebendigen Wesen wie mit Donnerstimme sagen: Komm und sieh!

Dornen - Behinderung / Gedanken

Positiv: schützende Barriere; die Gedanken des Menschen erlösen
Negativ: Verfolgung, Tratsch, Sorge, Fluch, Verteidigung, Reiz auslösend, unerlöste Gedanken
Bibelstellen: Hebr 6,8 | Hos 2,6 | 1Mo 3,18
Mk 4,7: Und anderes fiel unter die Dornen; und die Dornen wuchsen auf und erstickten es, und es brachte keine Frucht.

Drogen

siehe: Betrunken

Dschungel - Schwierigkeit

Negativ: schwer zu überleben; schwierige Umgebung, Umstände oder Orte.
Jer 49,19: Siehe, wie ein Löwe vom Dickicht des Jordan heraufkommt zu der fruchtbaren Weide, so will ich sie plötzlich von dort

wegtreiben, und den, der [dafür] auserwählt ist, über sie setzen. Denn wer ist mir gleich, und wer will mich zur Rechenschaft ziehen? Oder welcher Hirte kann vor mir bestehen?

Dunst/Nebel/Dampf – Gegenwart

Positiv: Manifestation der Gegenwart Gottes, Heiliger Geist, Leben
Negativ: flüchtig, kurzlebig, okkult, dämonische Manifestation, nutzloses Versprechen
Bibelstellen: Jak 4,14 | Jes 19,1
Apg 2,19: Und ich will Wunder tun oben am Himmel und Zeichen unten auf Erden, Blut und Feuer und Rauchdampf.

Dusche

siehe: Bad

Eisenbahnstrecke – bewährte/gefestigte Richtung/ Führung

Positiv: unveränderlich, beständiger Weg (konstant), das Evangelium
Negativ: Angewohnheit, stur/dickköpfig, Zurückhaltung, gesetzliche Tradition, Gefahr
Bibelstellen: Mk 7,9 | Mk 13 | Kol 2,8 | 2Thess 3,6
2Thess 2,15: So steht denn nun fest, ihr Brüder, und haltet fest an den Überlieferungen, die ihr gelehrt worden seid, sei es durch ein Wort oder durch einen Brief von uns.

Ehe – Bund / Geheimnis, Mysterium

Positiv: Braut Christi, miteinander verschlungen, zusammengewebt, Übereinkunft, geheiligt

Negativ: getrennt voneinander, böser Bund

Bibelstellen: Offb 2,12 | Neh 13,27

Eph 5,31–32: »Deshalb wird ein Mann seinen Vater und seine Mutter verlassen und seiner Frau anhängen, und die zwei werden ein Fleisch sein«. Dieses Geheimnis ist groß; ich aber deute es auf Christus und auf die Gemeinde.

Ehebruch – Verlust / Mangel an Exklusivität

Betrug, Mangel an Verbindlichkeit, Götzendienst, geteilten Sinnes, Sünde; kann sich auf geistlichen oder physischen Ehebruch beziehen, häufiger allerdings als Einstellung oder Denkweise zu verstehen als im Hinblick auf sexuelle Sünde

Bibelstellen: Jak 4,4 | 2Mo 20,3.14 | Hes 23,45

Mt 12,39: Er aber erwiderte und sprach zu ihnen: Ein böses und ehebrecherisches Geschlecht begehrt ein Zeichen; aber es wird ihm kein Zeichen gegeben werden als nur das Zeichen des Propheten Jona.

Ehefrau – Gemeinde / Bund / Geschäft

Positiv: Gemeinde, Heiliger Geist, Treue, fruchtbar/ertragreich, Unterordnung, in Übereinstimmung mit; etwas, wofür man verantwortlich ist

Negativ: Untreue, Hurerei, Kontrolle, Manipulation, Tratsch

Bibelstellen: Gal 4,24 | Hes 16,8–14

Eph 5,25–32: Ihr Männer, liebt eure Frauen, gleichwie auch der Christus die Gemeinde geliebt hat und sich selbst für sie hingegeben hat, damit er sie heilige, nachdem er sie gereinigt hat durch das Wasserbad im Wort, damit er sie sich selbst darstelle als eine Gemeinde, die herrlich sei, sodass sie weder Flecken noch Runzeln noch etwas Ähnliches habe, sondern dass sie heilig und tadellos sei. Ebenso sind die Männer verpflichtet, ihre eigenen Frauen zu lieben wie ihre eigenen Leiber; wer seine Frau liebt, der liebt sich selbst. Denn niemand hat je sein eigenes Fleisch gehasst, sondern er nährt und pflegt es, gleichwie der Herr die Gemeinde. Denn wir sind Glieder seines Leibes, von seinem Fleisch und von seinem Gebein. »Deshalb wird ein Mann seinen Vater und seine Mutter verlassen und seiner Frau anhängen, und die zwei werden ein Fleisch sein«. Dieses Geheimnis ist groß; ich aber deute es auf Christus und auf die Gemeinde.

Ehemann – Autorität

Positiv: Gott oder Jesus, Pastor, geistlicher Leiter oder geistliche Autorität

Negativ: Missbrauch, Kontrolle, unfähiger Leiter

Bibelstellen: Jes 54,5 | Jer 3,20

1Kor 7,4 (NLB): Die Ehefrau gibt ihrem Mann das Recht über ihren Körper, und ebenso gibt der Ehemann seiner Frau das Recht über seinen Körper.

Ei - Versprechen / Neues Leben

Positiv: Versprechen, Errettung, Potenzial, Offenbarung

Negativ: zerbrechlich, gebrochenes Versprechen, schlechte Idee, ohne Versprechen

Bibelstellen: Hiob 6,6

Lk 11,12: Oder auch wenn er um ein Ei bittet, wird er ihm einen Skorpion geben?

Eiche - Gerechtigkeit, Rechtfertigung

Positiv: Steht für eine Säule der Stärke und Gerechtigkeit. Kann auch ein Ort sein, an dem man Boten des Herrn trifft.

1Kö 13,14 (LUT): Und [er] zog dem Mann Gottes nach und fand ihn unter einer Eiche sitzen und sprach zu ihm: Bist du der Mann Gottes, der von Juda gekommen ist? Er sprach: Ja.

Jes 61,3: … dass sie genannt werden »Bäume der Gerechtigkeit«, eine »Pflanzung des HERRN« zu seinem Ruhm.

Einhorn - falsche Wahrheit

Negativ: Symbol für die New-Age-Bewegung; falsche Lehren und falsche Prophetien; beim Lösen von Problemen auf eigene Fähigkeiten bauen, anstatt Gott zu vertrauen. Kann sich auch auf Geistwesen in der Luft beziehen.

1Kö 22,23 (HFA): Ahab, der HERR hat beschlossen, Unheil über dich zu bringen, darum hat er diesen Lügengeist zu deinen Propheten geschickt. Dieser Geist spricht nun aus ihrem Mund.«

Eis/Schnee – Worte / Segen, Segnung

Positiv: reiner Segen, Güte, gesättigt/durchnässt, bedeckt/überzogen

Negativ: lieblose Worte, gefährlich, unsicherer Stand, Ausrutschen

Bibelstellen: Jes 55,10 | Hiob 16,3–4

Ps 73,2 (NGÜ): Ich aber wäre fast gestrauchelt, nur wenig fehlte noch, und meine Füße wären ausgeglitten.

Eisen – Stärke / Herausforderung

Positiv: kraftvoll, Korrektur, unzerstörbar

Negativ: Festung, Beleidigung

Bibelstellen: Dan 2,40 | Jes 48,4 | 5Mo 28,48

Offb 2,27: Und er wird sie mit einem eisernen Stab weiden, wie man irdene Gefäße zerschlägt, wie auch ich es von meinem Vater empfangen habe.

Elefant – mächtig / leistungsfähig

Positiv: groß, dickhäutig, stark, große Kraft, der Herde treu, schützt die Jüngeren

Negativ: (alles) zertrampelnd, übermäßig stark, überheblich

Bibelstellen: Röm 8,37

Phil 4,13 (EÜ): Alles vermag ich durch den, der mich stärkt.

Elektrizität – Kraft

Positiv: Heiliger Geist, geistliche Kraft, Kraftquelle

Negativ: Hexerei, Angriff, Zorn, kraftlos

Bibelstellen: 1Kor 4,20 | Apg 1,8

2Thess 2,9 (NLB): Der Böse wird kommen, um mit mächtigen Taten und verlogenen Zeichen und Wundern das Werk des Satans zu tun.

Engel – Schutz / Bote

Positiv: Schutz um uns herum; Gottes Zusicherung, dass er mit uns arbeitet; ausgesandter Krieger; Anbeter, Bote, dienstbarer Geist

Bibelstellen: Ps 91,11 | Hebr 1,14 | Hebr 13,2 | Lk 1,26–38

Ps 34,7 (HFA): Der Engel des HERRN umgibt alle mit seinem Schutz, die Gott achten und ehren, und rettet sie aus der Gefahr.

Enkelkind – Erbe / Dienst

Positiv: geerbte Segnungen, geistliches Erbe, Familientugend; Folge oder Auswirkung des Dienstes für eine Sache oder an einer Person

Negativ: Generationenfluch, Frevel/Ungerechtigkeit

Bibelstellen: 2Tim 1,5 | 2Kö 17,41

2Mo 34,7 (HFA): Ich lasse Menschen meine Liebe erfahren über Tausende von Generationen. Ich vergebe Schuld, Unrecht und Sünde, doch ich lasse nicht alles ungestraft. Wenn jemand an seiner Schuld festhält, dann muss er die Folgen tragen, und nicht nur er, sondern auch seine Kinder, Enkel und Urenkel!«

Erbrechen – Befreiung / Rückkehr zur Sünde

Negativ: Einfluss eines schlechten Umfelds. Befreiung oder innere Reinigung von einer Festung, einer Krankheit oder einem Dämon. Das wiederholen, was bereits bereut wurde.

Spr 26,11 (NLB): So wie ein Hund zu dem wieder zurückkehrt, was er erbrochen hat, so wiederholt ein Narr seine Dummheit.

Jes 28,8 (NLB): Ihre Tische sind verdreckt und von Erbrochenem besudelt. Es gibt nichts, was sauber wäre.

Offb 3,16: So aber, weil du lau bist und weder kalt noch heiß, werde ich dich ausspeien aus meinem Mund.

Erdbeben – Gottes unglaubliche Macht / plötzliches Eingreifen / Krise

Positiv: Eingreifen; kann für ein plötzliches Eingreifen stehen, das das Leben einer Person dramatisch verändert. Gottes unglaubliche Macht, Befreiung von Gebundenheit.

Negativ: Steht für eine Person, deren Leben zutiefst zerrüttet ist. Gottes Groll, jemand kommt unter Gericht

Apg 16,26: Da entstand plötzlich ein großes Erdbeben, sodass die Grundfesten des Gefängnisses erschüttert wurden, und sogleich öffneten sich alle Türen, und die Fesseln aller wurden gelöst.

Mt 28,2: Und siehe, es geschah ein großes Erdbeben, denn ein Engel des Herrn stieg vom Himmel herab, trat herzu, wälzte den Stein von dem Eingang hinweg und setzte sich darauf.

Ersticken - Hindernis

Negativ: Schwierigkeit, zu empfangen; blockiert, lahmgelegt, keine Frucht hervorbringend, stolpern

Bibelstellen: Mk 4,19

Mt 13,22: Unter die Dornen gesät aber ist es bei dem, der das Wort hört, aber die Sorge dieser Weltzeit und der Betrug des Reichtums ersticken das Wort, und es wird unfruchtbar.

Ertrinken - Überwinden

Positiv: vom Heiligen Geist überwältigt, neues Leben, Sterben des Ichs in der Herrlichkeit Gottes

Negativ: Depression, Kummer, Traurigkeit, in Schulden »ertrinken«

Bibelstellen: 1Tim 6,9 | Jes 61,3

Hld 8,7: Große Wasser können die Liebe nicht auslöschen, und Ströme sie nicht ertränken. Wenn einer allen Reichtum seines Hauses um die Liebe gäbe, so würde man ihn nur verachten.

Esel - störrisch

Positiv: Stärke, Beharrlichkeit, Ausdauer

Negativ: lästig, eigensinnig, unnachgiebig, herausfordernde Persönlichkeit

Bibelstellen: Spr 26,3 | 4Mo 22,25 | 2Petr 2,16

Joh 12,15: »Fürchte dich nicht, Tochter Zion! Siehe, dein König kommt, sitzend auf dem Füllen einer Eselin!«

Essig – Bitterkeit

Positiv: Reinigung, Heilung, Nutzen/Vorteil
Negativ: reizend, sauer, Bitterkeit, Verschlechterung
Bibelstellen: 4Mo 6,3 | Rut 2,14
Spr 25,20: Wie einer, der an einem kalten Tag das Gewand auszieht oder Essig auf Natron gießt, so ist, wer einem missmutigen Herzen Lieder singt.

Eule/Uhu – Geist

Positiv: göttliche Weisheit; Fähigkeit, im Dunklen zu jagen
Negativ: böser Geist, Fluch
Bibelstellen: Ps 102,6
Jes 34,11: Und der Pelikan und der Igel werden es einnehmen, und die Eule und der Rabe werden darin wohnen; die Messschnur der Verwüstung wird Er darüber spannen und das Richtblei der Verödung.

Explosion – unerwartet, plötzlich

Positiv: Umschwung, plötzliche Veränderung, Zunahme
Negativ: Abnahme, Zerstörung
Bibelstellen: Jes 48,3
2Chr 29,36: Und Hiskia freute sich samt dem ganzen Volk über das, was Gott dem Volk zubereitet hatte; denn die Sache war sehr rasch vor sich gegangen.

Fabrik – Produktion / Teamarbeit

Positiv: produktiv, motiviert, Arbeit für das Königreich, Einheit
Negativ: die »Welt«, Materialismus, faul, untätig
Bibelstellen: Röm 12,11 | Lk 2,49
Jos 5,11: Und am Tag nach dem Passah aßen sie von dem Getreide des Landes, nämlich ungesäuertes Brot und geröstetes Korn, an ebendiesem Tag.

Falke/Habicht – Raubtier

Positiv: Fürsprecher (Fürbitte), Kämpfer
Negativ: Zauberer, böser Geist, Feind
Bibelstellen: Apg 20,30 | 1Mo 10,9
Hiob 39,26: Bewirkt dein Verstand, dass der Habicht fliegt und seine Flügel nach Süden ausbreitet?

Fallschirm – Rettung / Erlösung

Positiv: (Er-)Rettung, Zuflucht, Glaube, Gottes Versprechen
Negativ: abspringen, fliehen, verlassen
Bibelstellen: Mt 10,23
Jak 5,20: so soll er wissen: Wer einen Sünder von seinem Irrweg zur Umkehr führt, der wird eine Seele vom Tod erretten und eine Menge Sünden zudecken.

Farben

Blau - Offenbarung

Positiv: Geistesgabe, Offenbarung Christi, himmlische Erscheinung oder Vision

Negativ: Depression, Mangel an Segen, Trennung

Bibelstellen: 4Mo 4,7 | Hes 23,6 | Spr 20,30

2Chr 2,7: So sende mir nun einen weisen Mann, der mit Gold, Silber, Erz, Eisen, rotem Purpur, Karmesin und blauem Purpur zu arbeiten versteht und geschickt ist in Schnitzarbeiten, damit er zusammenarbeite mit den Kunsthandwerkern, die bei mir in Juda und Jerusalem sind, die mein Vater David eingesetzt hat.

Braun (Sonnenbräune) - Fleischlichkeit / Fleisch

Positiv: wiedergeboren, umgekehrt (Buße), neues Leben, erneuerter Sinn

Negativ: leblos, ohne Geist

Bibelstellen: Nah 1,4

1Petr 1,24: Denn »alles Fleisch ist wie Gras und alle seine Herrlichkeit wie des Grases Blume. Das Gras ist verdorrt, und die Blume ist abgefallen«.

Gelb - Gabe / Fleischlichkeit

Positiv: Gabe Gottes oder von Gott, Licht und Leben, Familie, Ehre

Negativ: Feigheit, falsche Gabe, Schüchternheit, Angst

Bibelstellen: Ps 68,13 | 2Tim 1,7

Spr 19,14 (HFA): Haus und Besitz erbt man von den Eltern; aber eine vernünftige Frau ist ein Geschenk des HERRN.

Gold – Weisheit / Herrlichkeit

Positiv: Herrlichkeit Gottes, Wahrheit, Gerechtigkeit

Negativ: Selbstverherrlichung

Bibelstellen: Jak 2,2–4 | 2Chr 16,2

Spr 8,10: Nehmt meine Unterweisung an und nicht Silber, und Erkenntnis lieber als feines Gold!

Grau – ohne Definition / gefährdet

Positiv: Weisheit, Reife, Rat, Richtung

Negativ: unklar, vage, Täuschung, falsche Lehre

Bibelstellen: Spr 16,31

Hos 7,9: Fremde haben seine Kraft verzehrt, und er erkennt es nicht; sein Haupthaar ist mit Grau gesprenkelt, und er erkennt es nicht.

Grün – Leben / Fleischlichkeit

Positiv: ewiges Leben, Erneuerung, Verjüngung, neues Leben, positive Veränderung, Heilung

Negativ: fleischlich, unreif, körperlich/sinnlich, Eifersucht, unerfahren

Bibelstellen: 1Petr 1,24 | Ps 37,35

1Mo 9,3: Alles, was sich regt und lebt, soll euch zur Nahrung dienen; wie das grüne Kraut habe ich es euch alles gegeben.

Lila/Violett – Gott / Königtum

Positiv: König, Prinz, Vermögen, Autorität, Gegenwart Gottes

Negativ: politische Macht, Unaufrichtigkeit, Frevel/Bösartigkeit, kostspielig

Bibelstellen: Apg 16,14 | Spr 6,27 | Jud 8,26

Lk 16,19: Es war aber ein reicher Mann, der kleidete sich in Purpur und kostbare Leinwand und lebte alle Tage herrlich und in Freuden.

Orange – Macht / Verkörperung

Positiv: Macht Gottes, dynamische Kraft, Feuer des Heiligen Geistes, Schutz, Läuterung

Negativ: Gefahr, Vorsicht, großes Wagnis, Schaden, Verfolgung

Bibelstellen: Spr 6,27 | Mt 5,22 | Sach 5,2

Apg 2,3: Und es erschienen ihnen Zungen wie von Feuer, die sich zerteilten und sich auf jeden von ihnen setzten.

Pink/Rosa – Fleisch / Mischung

Positiv: moralisch, keusch, Reinheit (weiß) vermischt mit dem Blut Jesu (rot)

Negativ: wollüstig, unmoralisch, Fleisch, verwässerte Botschaft, Mangel an Leidenschaft

Bibelstellen: Offb 6,7 | 2Mo 26,14

Hes 36,26: Und ich will euch ein neues Herz geben und einen neuen Geist in euer Inneres legen; ich will das steinerne Herz aus eurem Fleisch wegnehmen und euch ein fleischernes Herz geben.

Rot – Blut Christi / Geist des Konflikts

Positiv: Leiden Christi, Opfer, Leidenschaft des Herzens, Vergebung, Reinigung

Negativ: tiefe Sünde, Groll, Hass, Wollust, unterworfen

Bibelstellen: Offb 6,4 | Hebr 9,11

Jes 1,18 (HFA): So spricht der HERR: »Kommt, wir wollen miteinander verhandeln, wer von uns im Recht ist, ihr oder ich. Selbst wenn eure Sünden blutrot sind, sollt ihr doch schneeweiß werden. Sind sie so rot wie Purpur, will ich euch doch reinwaschen wie weiße Wolle.«

Schwarz - Mangel / Verlust

Negativ: Sünde, Finsternis, Unwissenheit, Kummer oder in Trauer, Trübsinn, das Böse, Hungersnot

Bibelstellen: Spr 7,9 | Klgl 5,10

Jer 4,28: Darum wird die Erde trauern und der Himmel droben sich in Schwarz kleiden, weil ich entschlossen bin, zu tun, was ich gesagt habe; und es reut mich nicht, und ich gehe nicht davon ab.

Silber - Wissen / Reinheit

Positiv: Erlösung, Gottes Wissen, Offenbarung

Negativ: Götzendienst, geistlicher Ehebruch, weltliches Wissen, Verrat

Bibelstellen: Mt 27,6 | 1Petr 1,17–18

Ps 12,6: »Weil die Elenden unterdrückt werden und die Armen seufzen, so will ich mich nun aufmachen«, spricht der HERR; »ich will den ins Heil versetzen, der sich danach sehnt!«

Weiß - Heiligkeit / Herrlichkeit

Positiv: Gerechtigkeit, Majestät Gottes, gereinigt, fehlerlos, Wahrheit, Unschuld

Bibelstellen: 2Kö 5,27 | Jes 1,18

Offb 1,14: Sein Haupt aber und seine Haare waren weiß, wie weiße Wolle, wie Schnee; und seine Augen waren wie eine Feuerflamme.

Fehlgeburt – Abbruch

Positiv: Buße und Umkehr
Negativ: unvollständig, Scheitern; Urteil fällen, ohne alle Fakten zu kennen
Bibelstellen: Hos 9,14 | Jak 1,15 | Hab 1,4
2Mo 23,26: *Es soll keine Fehlgebärende oder Unfruchtbare in deinem Land sein; ich will die Zahl deiner Tage vollmachen.*

Fenster – Offenbarung / Öffnung eines Versprechens

Positiv: Wahrheit, himmlische Gunst, Prophetie, Verständnis/Verstehen, Hoffnung, Erlösung; eine Möglichkeit, Licht hineinzulassen
Negativ: offenbarte Sünde, offengelegt/entblößt, unbewachte Öffnung, Verachtung
Bibelstellen: Jos 2,18.20 | 1Mo 6,16
1Chr 15,29: *Und es geschah, als die Bundeslade des HERRN in die Stadt Davids kam, da schaute Michal, die Tochter Sauls, zum Fenster hinaus; und als sie den König David hüpfen und tanzen sah, da verachtete sie ihn in ihrem Herzen.*

Fernsehen – Vision

Positiv: prophetische Botschaft, Predigt, gute Nachrichten
Negativ: böser Einfluss, Boshaftigkeit/Frevel, schlechte Nachricht
Bibelstellen: 4Mo 24,16 | Dan 2,19
Röm 1,32: *Obwohl sie das gerechte Urteil Gottes erkennen, dass die des Todes würdig sind, welche so etwas verüben, tun sie diese Dinge nicht nur selbst, sondern haben auch Gefallen an denen, die sie verüben.*

Fisch – Geist oder Seele / Menschen in der Welt

Positiv: Missionsfeld, Menschenseelen, Charakter, Heiliger Geist, Motivation

Negativ: böser Charakter, Selbstmotivation, unreiner Geist

Bibelstellen: Mt 13,47–48 | Lk 11,11

Joh 21,6: Er aber sprach zu ihnen: Werft das Netz auf der rechten Seite des Schiffes aus, so werdet ihr finden! Da warfen sie es aus und konnten es nicht mehr einziehen wegen der Menge der Fische.

Fledermaus – Hexerei

Negativ: unrein, Dunkelheit, flatterhaft, unbeständig, der Empfang unreiner Dinge, Schmutz akzeptieren, meist in Verbindung mit Hexerei und dem Okkulten

Bibelstellen: Jes 2,19–21 | 3Mo 11,19

5Mo 14,18: den Storch, die Reiherarten, den Wiedehopf und die Fledermaus.

Fliege – Plage / Seuche

Negativ: Korruption, Krankheit, Unreinheit, Dämon, Fluch, Verderben

Bibelstellen: Pred 10,1

2Mo 8,20: Und der HERR handelte so. Und eine Menge Hundsfliegen kamen in das Haus des Pharao und in die Häuser seiner Knechte, ja über das ganze Land Ägypten; und das Land wurde von den Hundsfliegen verseucht.

Floh – Ärger, Störung / unrein

Negativ: Ärgernis, Störung; Irritation, deren Ursprung schwer zu finden ist; Ausflucht, Aktivität vieler kleiner Dämonen oder Geister

Bibelstellen: 1Sam 24,14 | Hld 2,15

1Sam 26,20: So falle nun mein Blut nicht auf die Erde fern von dem Angesicht des HERRN; denn der König Israels ist ausgezogen, einen Floh zu suchen, wie man einem Rebhuhn nachjagt auf den Bergen!

Floß – treibend / Überleben

Positiv: gerettet, erlöst, geborgen

Negativ: ohne Kontrolle, keine Zielsetzung/kein Ehrgeiz, ohne Ausrichtung

Bibelstellen: Lk 5,4 | Ps 18,10 | Mt 8,23

Hebr 2,1: Darum sollten wir desto mehr auf das achten, was wir gehört haben, damit wir nicht etwa abgleiten.

Flügel – Geist / Erfrischung

Positiv: Prophet, Geist Gottes, Zuflucht/Unterkunft, Schutz, hochhebend/erhebend

Negativ: dämonischer Geist

Bibelstellen: Mal 4,2 | Ps 91,4 | Jes 40,31

2Mo 19,4: Ihr habt gesehen, was ich an den Ägyptern getan habe und wie ich euch auf Adlersflügeln getragen und euch zu mir gebracht habe.

Flughafen - Warten

Positiv: Ein Ort der Ausrüstung oder des Heranwachsens und der Vorbereitung auf einen Dienst oder eine Arbeit im Königreich.

Bibelstellen: Jer 23,22

1Petr 3,20 (NLB): Denen, die Gott vor langer Zeit ungehorsam waren, als Gott geduldig wartete, während Noah sein Schiff baute. Nur acht Menschen wurden vor dem Ertrinken in jener Flut gerettet.

Flugzeug - Gemeinde / Dienst

Positiv oder negativ, je nach Funktion und Zustand des Flugzeugs. Flugzeuge sollten als Transportmittel betrachtet werden, die uns zu einem anderen Ort bringen, der meist als Gemeinde oder Dienst definiert werden kann. Die Definition sollte sich daran orientieren, wie das Flugzeug beschaffen ist und was es tut (z. B. abstürzen, starten, landen, Größe etc.).

Hinweis: Symbolisiert den prophetischen oder einen rasch voranschreitenden Dienst.

Bibelstellen: Ps 48,7 | Ps 74,13–14 | 1Kö 9,26–28 | Mt 8,23–27 | Lk 5,4

Ps 18,11 (NLB): Auf einem mächtigen Engel flog er herbei, er schwebte herab auf den Flügeln des Windes.

Fluss - Strom des Geistes

Positiv: Geist Gottes, Gerechtigkeit/Rechtfertigung, Heilung, Lebensstrom, Erlösung

Negativ: Sünde, Gerichtsurteil, Hindernis, Prüfung

Bibelstellen: Hes 47,5 | Am 5,24

Joh 7,38–39: Wer an mich glaubt, wie die Schrift gesagt hat, aus seinem Leib werden Ströme lebendigen Wassers fließen. Das

sagte er aber von dem Geist, den die empfangen sollten, welche an ihn glauben; denn der Heilige Geist war noch nicht da, weil Jesus noch nicht verherrlicht war.

Flusspferd – verborgene Gefahr / Aggression

Negativ: verborgene Gefahr; eine passive Person, die aggressiv ist und Schaden anrichten kann; böser Geist, der unter der Wasseroberfläche verborgen ist (Wassergeist) und geschickt wurde, um dich oder deine Arbeit zu zerstören.

Hiob 40,15–16 (NLB): Sieh doch nur das mächtige Flusspferd an! Ich habe es geschaffen, so wie ich dich geschaffen habe. Es frisst Gras wie das Rind. Schau, welche Kraft es in den Lenden hat und wie stark seine Bauchmuskeln sind.

Pred 12,13–14: Lasst uns die Summe aller Lehre hören: Fürchte Gott und halte seine Gebote; denn das macht den ganzen Menschen aus. Denn Gott wird jedes Werk vor ein Gericht bringen, samt allem Verborgenen, es sei gut oder böse.

Fohlen – geistlicher Kampf / Leiterschaftspotenzial

Positiv: in Vorbereitung auf geistliche Kampfführung, berufen zum Dienst im geistlichen Kampf. Leiterschaftspotenzial – jedoch muss zunächst noch etwas Zeit vergehen, bevor die Person darin bewährt ist.

Hiob 39,19–25: Hast du dem Pferd seine Stärke gegeben oder seinen Hals mit der wehenden Mähne geschmückt? Hast du ihm die Fähigkeit geschenkt, Sprünge zu machen wie eine Heuschrecke? Sein majestätisches Schnauben kann einen Menschen erschrecken! Im Tal scharrt es den Boden und freut sich über seine Kraft. Es zieht aus, dem gerüsteten Feind entgegen. Es lacht über die Angst und erschrickt nicht. Es flieht nicht vor dem Schwert. Über ihm klirrt der Köcher, es blitzen der Speer und der Wurfspieß. Wild und erregt stürmt es davon und lässt sich nicht zurückhalten, wenn das Schlachtsignal erklingt. Bei jedem Trompetenstoß wiehert es, von Weitem wittert es den Kampf, das Rufen der Anführer und das Kriegsgeschrei.

1Tim 3,1.6 (NLB): Es stimmt, dass jemand, der ein Ältester sein möchte, eine sehr ehrenvolle Aufgabe anstrebt. ... Ein Ältester sollte auch nicht erst vor kurzem gläubig geworden sein, damit er nicht stolz wird, schon so früh ein Amt innezuhaben, und der Teufel seinen Stolz benutzt, um ihn zu Fall zu bringen.

Frau – Heiliger Geist

Positiv: Engelsbote

Negativ: Geist der Verführung, Versuchung, Täuschung

Bibelstellen: Spr 2,16 | Mt 8,20

Apg 9,36: In Joppe aber war eine Jüngerin namens Tabitha, was übersetzt »Gazelle« heißt; diese war reich an guten Werken und Wohltätigkeit, die sie übte.

Friseur- oder Schönheitssalon – Veränderung / Eitelkeit

Positiv: die Beseitigung von sündigen Bindungen; das Brechen mit schlechten Angewohnheiten; Vorbereitung, Heiligkeit, Verwandlung, Weisheit

Negativ: Eitelkeit, Fleischlichkeit, der äußere Mensch, das Okkulte, religiöser Geist

Bibelstellen: Röm 12,2 | Hos 10,5 | Spr 31,30 | 1Kor 11,15 | Ps 29,2 | Hes 28,12

Ri 16,17 (LUT): Und er tat ihr sein ganzes Herz auf und sprach zu ihr: Es ist nie ein Schermesser auf mein Haupt gekommen; denn ich bin ein Geweihter Gottes von Mutterleib an. Wenn ich geschoren würde, so wiche meine Kraft von mir, sodass ich schwach würde und wie alle andern Menschen.

Frosch – Geist / falsche Prophetie

Negativ: Verflucht, Hexerei, Manipulation, Stolz
Bibelstellen: 2Mo 8,2–6 | Ps 78,45
Offb 16,13: Und ich sah aus dem Maul des Drachen und aus dem Maul des Tieres und aus dem Maul des falschen Propheten drei unreine Geister herauskommen, gleich Fröschen.

Fuchs – Scharfsinnigkeit

Negativ: listig, schleichend, Täuschung, böser Leiter, verborgene Sünde, Zerstörung
Bibelstellen: Hld 2,15 | Hes 13,4.6
Lk 13,32: Und er sprach zu ihnen: Geht hin und sagt diesem Fuchs: Siehe, ich treibe Dämonen aus und vollbringe Heilungen heute und morgen, und am dritten Tag bin ich am Ziel.

Fundament – Zugrundeliegende Basis

Positiv: grundlegender Dienst einer Gemeinde, Einrichtung/Schaffung, Stabilität, vorbereitet, das Evangelium, Lehre
Negativ: unvorbereitet, instabil, böse Regierung
Bibelstellen: Lk 14,29 | Eph 2,20 | Ps 11,3
Ps 89,14: Recht und Gerechtigkeit sind die Grundfeste deines Thrones, Gnade und Wahrheit gehen vor deinem Angesicht her.

Geburt – Neuanfang / Sünde

Positiv: neue Arbeit, neuer Dienst, frischer Start, Neuanfang, abhängig

Negativ: Prüfungen, Schmerz, Sünde, unreif, abhängig

Bibelstellen: Jak 1,14–15 | 1Petr 1,3

Jes 43,19 (NLB): Seht hin; ich mache etwas Neues; schon keimt es auf. Seht ihr es nicht? Ich bahne einen Weg durch die Wüste und lasse Flüsse in der Einöde entstehen.

Gefängnis – Fesseln, Gebundenheit / Gesinnung

Negativ: Rebellion, mangelnde Vergebungsbereitschaft, Gefangenschaft, große Schwierigkeiten, Sucht/Abhängigkeit, verlorene Seelen, Qual

Bibelstellen: Lk 4,18 | Hebr 2,15 | 2Tim 2,25–26

Jer 38,6: Da griffen sie Jeremia und ließen ihn an Stricken in die Zisterne des Prinzen Malkija hinab, die beim Wachhof lag. In der Zisterne war kein Wasser mehr, sondern nur noch Schlamm, und Jeremia sank tief darin ein.

Gehen – Fortschritt / Bestätigung, vorwärts zu gehen

Positiv: im Geist wandeln, Lebenswandel, Verhalten

Negativ: in Sünden leben, Lebenswandel, Verhalten

Bibelstellen: Gal 5,25 | Eph 4,17

Gal 5,16–18 (EÜ): Ich sage aber: Wandelt im Geist, dann werdet ihr das Begehren des Fleisches nicht erfüllen! Denn das Fleisch begehrt gegen den Geist, der Geist gegen das Fleisch, denn diese sind einander entgegengesetzt, damit ihr nicht tut, was ihr wollt.

Wenn ihr euch aber vom Geist führen lasst, dann steht ihr nicht unter dem Gesetz.

Geier – Aasfresser, Plünderer

Positiv: Geduld, Vision, Gelegenheit

Negativ: unrein, Verschlinger, auf der Lauer liegen, Zerstörung/ Aufzehrung

Bibelstellen: 3Mo 11,13

Jer 12,9: Ist mein Erbteil für mich zu einer Hyänenhöhle geworden, um die sich die Raubvögel ringsum scharen? Geht hin und versammelt alle Tiere des Feldes; bringt sie herzu, damit sie fressen!

Geld – Macht / Fähigkeit

Positiv: Versorgung; geistlicher Glaube, die Freuden und Absichten Gottes zu erhalten; Wohlstand, natürliche Begabungen, geistliche Reichtümer, Autorität

Negativ: Vertrauen auf die eigene Kraft, Materialismus, Habgier, etwas zurückhalten

Bibelstellen: 1Mo 31,15 | Lk 19,23 | Offb 3,18

1Tim 6,10 (NLB): Denn die Liebe zum Geld ist die Wurzel aller möglichen Übel; so sind manche Menschen aus Geldgier vom Glauben abgewichen und haben sich selbst viele Schmerzen zugefügt.

Geldbörse/Portemonnaie – Schatz / inneres Geheimnis

Positiv: wertvoll, kostbar, persönliche Identität, Versorgung, Herzenszustand

Negativ: wertlos, geistlich bankrott, finanzielle Notlage, Herzenszustand

Bibelstellen: Mt 6,21 | Mt 12,35 | Joh 12,6

Spr 15,6: Im Haus des Gerechten ist ein reicher Schatz, im Einkommen des Gottlosen aber ist Zerrüttung.

Gepard – Geschwindigkeit / Geschicklichkeit / schnell nachlassend

Positiv: Geschwindigkeit und Können (es sind Tiere, die für ihre Geschwindigkeit und Geschicklichkeit bekannt sind); erstaunliche, gottgegebene Fähigkeiten und Geschicklichkeit am Arbeitsplatz oder im Dienstbereich.

Negativ: schnell nachlassend, verzagt, zurückziehen/aufgeben (Geparden sind bekannt für ihre schnellen, aber kurzen Energieschübe, da sie im Verhältnis zu ihrer Körpergröße ein kleines Herz haben); kann für jemanden stehen, der schnell auf eine Chance reagiert oder ein Problem löst, dem es jedoch an Durchhaltekraft fehlt. Rückzug oder Abbruch nach einem anfänglichen Verfolgen von Zielen. Das Vertrauen muss wieder in Gott gesetzt werden, um an Mut und Ausdauer zu gewinnen.

Hab 1,8 (NLT): Ihre Pferde sind schneller als Geparden und wilder als Wölfe in der Dämmerung. Ihre Wagenlenker greifen aus der Ferne an. Wie Adler stürzen sie sich herab, um ihre Beute zu verschlingen.

Jes 40,29–31 (HFA): Den Erschöpften gibt er neue Kraft, und die Schwachen macht er stark. Selbst junge Menschen ermüden und

werden kraftlos, starke Männer stolpern und brechen zusammen. Aber alle, die ihre Hoffnung auf den HERRN setzen, bekommen neue Kraft. Sie sind wie Adler, denen mächtige Schwingen wachsen. Sie gehen und werden nicht müde, sie laufen und sind nicht erschöpft.

Gerichtsgebäude – Richterspruch / Abschluss

Positiv: Gerechtigkeit, Absolution, Erlösung
Negativ: Urteil, Verfolgung, Schwierigkeit, Versuchung
Bibelstellen: 5Mo 17,6–13 | Ps 94,20 | 1Kor 6,1
2Mo 18,16: Denn wenn sie eine Rechtssache haben, kommen sie zu mir, dass ich entscheide, wer von beiden recht hat, und damit ich ihnen Gottes Ordnungen und seine Gesetze verkünde.

Gewehr

siehe: Waffe

Gold – Weisheit / Herrlichkeit / Wohlstand

Positiv: Herrlichkeit Gottes, Wahrheit, geläuterter Glaube, Gerechtigkeit
Negativ: Selbstverherrlichung, Respektlosigkeit, Gotteslästerung
Bibelstellen: Jak 2,2–4 | 2Chr 16,2
2Mo 25,11: Die sollst du mit reinem Gold überziehen, inwendig und auswendig sollst du sie überziehen; und mache ringsum einen goldenen Kranz daran.

Gottesdienst - Anbetung

Positiv: Anbetung, (Mahl-)Gemeinschaft, Beziehung mit dem Vater, Versammlung der Heiligen, Dienst für den Herrn

Negativ: falsche Anbetung, religiöser Geist

Bibelstellen: Joh 4,24 | Mk 7,7

Mt 13,54: Und als er in seine Vaterstadt kam, lehrte er sie in ihrer Synagoge, sodass sie staunten und sprachen: Woher hat dieser solche Weisheit und solche Wunderkräfte?

Gouverneur/Präsident - Herrscher / Autorität

Positiv: Christus, Leiter, Autorität

Negativ: böser Leiter, Satan, Diktator

Bibelstellen: Mal 1,8 | Apg 23,24.26 | Jer 30,21

Jes 9,6: Die Mehrung der Herrschaft und der Friede werden kein Ende haben auf dem Thron Davids und über seinem Königreich, dass er es gründe und festige mit Recht und Gerechtigkeit von nun an bis in Ewigkeit. Der Eifer des HERRN der Heerscharen wird dies tun!

Großeltern - Vergangenheit

Positiv: geistliches Erbe, Weisheit, geistliches Vermächtnis, geistliche Identität

Negativ: generationenübergreifende Sünde, sündiges oder böses geistliches Erbe

Bibelstellen: Spr 13,22

2Tim 1,5: Dabei halte ich die Erinnerung an deinen ungeheuchelten Glauben fest, der zuvor in deiner Großmutter Lois und deiner Mutter Eunike gewohnt hat, ich bin aber überzeugt, auch in dir.

Gürtel – Wahrheit / Kontrolle

Positiv: Wahrheit, Gerechtigkeit, aufrichtig, vorbereitet, beherrscht, geistliche Vermehrung, hält Dinge zusammen

Negativ: beherrschend, Niedergang, Missbrauch, Lügen

Bibelstellen: Jes 11,5 | Apg 21,11

Eph 6,14: So steht nun fest, eure Lenden umgürtet mit Wahrheit, und angetan mit dem Brustpanzer der Gerechtigkeit.

Haar – Bedeckung / Herrlichkeit Gottes

Positiv: Bund, geistliche Autorität, Ordnung/Gebot, Tradition, Schönheit des Herzens

Negativ: böser Bund, sündige Natur, böse Lehre

Bibelstellen: Ri 16,17 | 4Mo 8,7 | 1Kor 11,6

1Kor 11,15: Dagegen ist es für eine Frau eine Ehre, wenn sie langes Haar trägt; denn das lange Haar ist ihr anstelle eines Schleiers gegeben.

Hagel – Gerichtsurteil / Falscher Segen

Positiv: Unterscheidung, Reinigung, Buße

Negativ: Bestrafung, Zerstörung, ein Segen zur falschen Zeit, Angriff

Bibelstellen: Jes 28,17 | Hag 2,17

2Mo 9,19: Und nun lass dein Vieh und alles, was du auf dem Feld hast, in Sicherheit bringen; denn auf alle Menschen und alles Vieh, die sich auf dem Feld befinden und nicht in den Häusern versammelt sind, auf die wird der Hagel fallen, und sie werden umkommen!

Hammer – Kraft / Macht

Positiv: Wort Gottes, vollmächtige Predigt, aufbauen
Negativ: Tratsch, verletzende Worte, Zerstörung
Bibelstellen: Jer 23,29 | Spr 25,18
Jes 41,7: Der Künstler ermutigt den Goldschmied; der, welcher mit dem Hammer glättet, [ermutigt] den, der auf den Amboss schlägt, indem er von der Lötung sagt: Sie ist gut! Und er befestigt es mit Nägeln, damit es nicht wackelt.

Hänger/Wohnwagen – zeitlich begrenzt / Erweiterung

Positiv: flexibel, mobiler Dienst, Familiendienst
Negativ: übergangsweise, ungewisse Umstände
Jak 4,14: Und doch wisst ihr nicht, was morgen sein wird! Denn was ist euer Leben? Es ist doch nur ein Dunst, der eine kleine Zeit sichtbar ist; danach aber verschwindet er.

Haus – Gemeinde / Arbeitsplatz / Familie

Positiv: Haus Gottes, Wurzeln, Ort der Sicherheit
Negativ: kaputte Gemeinde, Fehlfunktion, Missbrauch
Bibelstellen: Apg 16,31 | 1Kor 17,5 | Joh 14,1–4
Mk 13,34–35: Es ist wie bei einem Menschen, der außer Landes reiste, sein Haus verließ und seinen Knechten Vollmacht gab und jedem sein Werk, und dem Türhüter befahl, dass er wachen solle. So wacht nun! Denn ihr wisst nicht, wann der Herr des Hauses kommt, am Abend oder zur Mitternacht oder um den Hahnenschrei oder am Morgen.

Hefe/Sauerteig - Zunahme / Sünde

Positiv: steht für ein Werkzeug zur Erweiterung von Gottes Reich

Negativ: Sünden, weltlicher Lebensstil, stolz, prahlerisch, scheinheilig; Warnung, die Sünde zu entfernen, damit sie sich nicht ausweitet und andere infiziert.

Mt 13,33: Ein anderes Gleichnis sagte er ihnen: Das Reich der Himmel gleicht einem Sauerteig, den eine Frau nahm und heimlich in drei Scheffel Mehl hineinmischte, bis das Ganze durchsäuert war.

Mk 8,15: Da gebot er ihnen und sprach: Seht euch vor, hütet euch vor dem Sauerteig der Pharisäer und vor dem Sauerteig des Herodes!

Heißluftballon - Herzenseinstellung

Positiv: Vom Heiligen Geist geführt – ein mit heißer Luft gefüllter Ballon, der mühelos dahingleitet. Du erlaubst Gott, dich in deiner Karriere, deinem Dienst oder deinem Beruf zu leiten.

Negativ: Mangel an Unterordnung. Bloßes Anschauen des Ballons, nicht darin gleiten – Aufruf, sich der Führung des Heiligen Geistes unterzuordnen. Alle Ideen und Strategien loslassen, die nicht von Gott kommen. Eigenwillig – die Fahrtrichtung des Ballons bestimmend. Versuch, das Wirken des Heiligen Geistes zu beherrschen, indem Dinge mit menschlicher Weisheit, Verstand und Intellekt getan werden.

Gal 5,25: Wenn wir im Geist leben, so lasst uns auch im Geist wandeln.

Röm 8,14 (GNB): Alle, die sich vom Geist Gottes führen lassen, die sind Gottes Söhne und Töchter.

Herbst – Abschluss / Vollendung

Positiv: Abkehr von Sünde, Verwandlung, Schluss, natürlicher oder geistlicher Wechsel der Jahreszeiten
Negativ: Erlöschen, Tod, Ende
Bibelstellen: Jer 8,20
Jes 64,5: Wir sind ja allesamt geworden wie Unreine und alle unsere Gerechtigkeit wie ein beflecktes Kleid. Wir sind alle verwelkt wie die Blätter, und unsere Sünden trugen uns fort wie der Wind.

Hexe – Hexerei / dämonische Kraft

Negativ: böser Einfluss, Verführung, ordnet sich nicht unter, Rebellion, Geist der Isebel
Bibelstellen: 1Sam 15,23 | Offb 2,20
Gal 3,1: O ihr unverständigen Galater, wer hat euch verzaubert, dass ihr der Wahrheit nicht gehorcht, euch, denen Jesus Christus als unter euch gekreuzigt vor die Augen gemalt worden ist?

Hirsch – Anmut / Sehnsucht

Positiv: anmutig, flink, Streben nach Gott, Symbol für unseren Wandel mit dem Herrn, Abhängigkeit vom Herrn
Negativ: scheu, zurückgezogen, ängstlich, abhängig von Menschen
Bibelstellen: 2Sam 22,34 | Ps 42,1
Hab 3,19 (NLB): Der Herr, der Allmächtige, ist meine Kraft! Mit ihm kann ich so sicher wie eine Gazelle über die Felsen springen und wohlbehalten die Berge überqueren..

Hochzeit – Bund / Einheit

Positiv: neue Partnerschaft, Einheit/Bund mit dem Herrn, Übereinkunft, Abgleich/Orientierung, göttlicher Bund

Negativ: Warnung, sich nicht auf Götzendienst oder die Dinge der Welt einzulassen; ungöttlicher Bund

Eph 5,31–32: »Deshalb wird ein Mann seinen Vater und seine Mutter verlassen und seiner Frau anhängen, und die zwei werden ein Fleisch sein«. Dieses Geheimnis ist groß; ich aber deute es auf Christus und auf die Gemeinde.

2Mo 23,30–32: Nach und nach will ich sie vor dir vertreiben, in dem Maß, wie du an Zahl zunimmst, sodass du das Land in Besitz nehmen kannst. Und ich setze deine Grenze vom Schilfmeer bis zum Meer der Philister und von der Wüste bis zum Strom [Euphrat]; denn ich will die Bewohner des Landes in eure Hand geben, dass du sie vor dir vertreibst. Du sollst mit ihnen und mit ihren Göttern keinen Bund schließen!

Holz – Leben / Schutz

Positiv: ewig; geistliche Dinge bauen; Wachstum, Struktur, Stärke

Negativ: Fleisch, fleischliches Denken, Wollust, Begierden des Fleisches

Bibelstellen: Spr 26,20–21 | Offb 9,20

1Kor 3,12–14: Wenn aber jemand auf diesen Grund Gold, Silber, kostbare Steine, Holz, Heu, Stroh baut, so wird das Werk eines jeden offenbar werden; der Tag wird es zeigen, weil es durchs Feuer geoffenbart wird. Und welcher Art das Werk eines jeden ist, wird das Feuer erproben. Wenn jemandes Werk, das er darauf gebaut hat, bleibt, so wird er Lohn empfangen.

Hotel – Pause / Geschäft

Positiv: Pause/Ausruhen, Frieden, Ruhe, Reise, zeitlich begrenztes Zuhause

Negativ: unruhig, einsam, abgetrennt, zeitlich begrenztes Zuhause

Bibelstellen: Apg 28,15

Ps 119,54: Deine Anweisungen sind meine Lieder geworden in dem Haus, in dem ich als Fremdling wohne.

Huhn – Angst

Positiv: Unterhalt oder Versorgung

Negativ: Feigheit, Ängstlichkeit, stolzes Prahlen, Tratsch, Schmeichelei, Verleugnung

Bibelstellen: 5Mo 1,29 | Lk 13,34

Lk 22,33–34: Er aber sprach zu ihm: Herr, ich bin bereit, mit dir ins Gefängnis und in den Tod zu gehen! Er aber sprach: Ich sage dir, Petrus: Der Hahn wird heute nicht krähen, ehe du dreimal geleugnet hast, dass du mich kennst!

Hund – Freund / Geist der Abkehr

Positiv: Freund, etwas Liebgewonnenes

Negativ: beleidigend, unreiner Geist, böse Verfolgung, Tratsch, außerhalb des Königreichs, Ungläubiger

Bibelstellen: Gal 5,15 | 2Tim 3,2–4 | Offb 22,15 | Mt 15,26

Spr 26,11: Wie ein Hund, der zu seinem Gespei zurückkehrt, so ist ein Narr, der seine Dummheit wiederholt.

Im Obergeschoss – geistlich

Positiv: göttliche Gedanken, Meditation, Gebet, Anbetung
Negativ: Selbsterhöhung, Vorherrschaft/Überlegenheit, Kontrolle
Bibelstellen: 1Kö 12,31 | Spr 18,19
Apg 1,13–14: Und als sie hineinkamen, gingen sie hinauf in das Obergemach, wo sie sich aufzuhalten pflegten, nämlich Petrus und Jakobus und Johannes und Andreas, Philippus und Thomas, Bartholomäus und Matthäus, Jakobus, der Sohn des Alphäus, und Simon der Zelot und Judas, der Sohn des Jakobus. Diese alle blieben beständig und einmütig im Gebet und Flehen, zusammen mit den Frauen und Maria, der Mutter Jesu, und mit seinen Brüdern.

Indianer – Ursprung, Herkunft

Positiv: Erstgeborener, Leiter, Eingeborener/Ureinwohner, Missionsfeld
Negativ: fleischlich, Wilder, Fremder, Bedrohung
Bibelstellen: Kol 3,9 | Apg 15,22
1Mo 49,3: Ruben: Du bist mein erstgeborener Sohn, meine Kraft und der Erstling meiner Stärke, von hervorragender Würde und vorzüglicher Kraft.

Insekten – fleißig / ruhelos / unrein

Positiv: Die meisten Insekten sind fleißige Kreaturen, können daher ein Symbol für eine fleißige, hart arbeitende Person sein. Schöpferisch/aufbauend, weise Planung.
Negativ: ruhelose Gedanken; Schwierigkeiten, sich zu konzentrieren; Verwirrung; kleine ungelöste Probleme untergraben das Geschäft, den Dienst oder das Privatleben,

was in Zerstörung endet; von einem Insekt gebissen; stechende, schmerzhafte Worte; Verleumdung

Spr 30,24–28: Diese vier sind die Kleinen im Lande, und doch sind sie überaus weise: Die Ameisen – kein starkes Volk, aber sie sammeln im Sommer ihre Speise; die Klippdachse – kein mächtiges Volk, aber sie setzen ihr Haus auf den Felsen; die Heuschrecken – sie haben keinen König, und doch ziehen sie alle in geordneten Scharen aus; die Eidechse – du kannst sie mit Händen fangen, und dennoch findet sie sich in den Palästen der Könige.

Ps 78,46: … als er dem Vertilger ihren Ertrag gab und der Heuschrecke die Frucht ihrer Arbeit …

Hiob 13,28: … da ich doch wie Moder vergehe, wie ein Kleid, das die Motten fressen!

Insel – Sicherheit, Abgeschiedenheit

Positiv: steht für einen Ort der Sicherheit nach einer schwierigen Zeit oder einem schwierigen Ereignis; Ruhe.

Negativ: Einsamkeit; Abgeschiedenheit oder Trennung von anderen Menschen

Jes 42,4: Er wird nicht ermatten und nicht zusammenbrechen, bis er auf Erden das Recht gegründet hat, und die Inseln werden auf seine Lehre warten.

Jacke – Bedeckung

Positiv: Lebensbedingung, Salbung, Autorität, Schutz, Identifikation, Lob

Negativ: Trauer, Schwere, schändliche Wege, Verwirrung

Bibelstellen: 2Mo 28,42 | 5Mo 24,13 | 5Mo 10,18

1Sam 18,4: Und Jonathan zog das Obergewand aus, das er anhatte, und gab es David, dazu seinen Waffenrock, sogar sein Schwert, seinen Bogen und seinen Gürtel.

Jacuzzi/Whirlpool – Reinigung / Wiederherstellung

Positiv: Heiligung, Buße, Verjüngung, Heilung

Negativ: Versuchung, »in heißem Wasser«, Schwierigkeiten/Ärger

Bibelstellen: Ps 51,2–3 | Eph 5,25–26

2Sam 11,2 (NLB): An einem Spätnachmittag erhob sich David von der Mittagsruhe und ging auf dem Dach des Palastes umher. Da fiel sein Blick vom Dach aus auf eine außergewöhnlich schöne Frau, die gerade ein Bad nahm.

Jaguar (auch Katze, Gepard, Leopard, Tiger) – manipulativ/betrügerisch

Positiv: stark, wendig/gelenkig, »auf den Füßen landen«, Erfolg, harter Krieger

Negativ: unreiner Geist, mysteriös, lauernd, betrügerisch, harter Krieger

Bibelstellen: 1Petr 1,24 | Ps 37,2 | Jer 5,6

Jer 13,23 (HFA): Sag mir: Kann ein dunkelhäutiger Mensch etwa seine Hautfarbe wechseln oder ein Leopard sein geflecktes Fell? Genauso wenig kannst du Gutes tun, die du ans Böse gewöhnt bist!

Jahr – Kreislauf / vollendeter Zyklus

Positiv: festgelegte Zeitspanne der Segnung

Negativ: festgelegte Zeitspanne des Gerichts

Bibelstellen: Hiob 36,11 | Lk 4,19 | Hes 4,5

Hiob 3,6: Und jene Nacht – hätte doch das Dunkel sie hinweggerafft, hätte sie sich nur nicht gefreut unter den Tagen des Jahres, und wäre sie doch nicht in die Zahl der Monate eingereiht worden!

Jet

siehe: Flugzeug

Jetski

siehe: Boot

Joch – Knechtschaft / Engagement

Positiv: Dienstleistung, Diener, Kameradschaft/Gemeinschaft, vollständige Einheit, Ehe

Negativ: Bindung an Sünde, versklavt, Gesetzlichkeit

Bibelstellen: 1Mo 27,40 | 3Mo 26,13 | Gal 1,5

1Tim 6,1: Diejenigen, die als Knechte unter dem Joch sind, sollen ihre eigenen Herren aller Ehre wert halten, damit nicht der Name Gottes und die Lehre verlästert werden.

Juwelen, Schmuck – Schatz / Sieg

Positiv: kostbar, Gottes Gaben, Wahrheit, Erfolg durch Leistung, Selbstwert

Negativ: Götzendienst, Selbstverherrlichung, Stolz, Verlust von Selbstwert, Gehässigkeit, plündern

Bibelstellen: Spr 17,8 | Jak 2,2 | 2Tim 4,3

1Mo 24,53: Und der Knecht zog silberne und goldene Schmuckstücke und Kleider hervor und gab sie Rebekka; auch ihrem Bruder und ihrer Mutter gab er Kostbarkeiten.

Kalb – Zunahme / Rebellion

Positiv: Wohlergehen, Kind Gottes, das Potenzial für große Stärke, Arbeiter im Königreich, Zunahme, Opfergabe

Negativ: Götzendienst, unechtes Opfer oder Anbetung, Dickköpfigkeit, Rebellion, rückfälliger Geist

Bibelstellen: Jer 7,8–11 | Hos 10,5 | Mal 4,2 | Hos 4,16 | 2Mo 32,4.35 | Kol 3,5

Lk 15,23: Bringt das gemästete Kalb her und schlachtet es; und lasst uns essen und fröhlich sein!

Kalender – rechtzeitig / nicht synchron

Positiv: göttliche Berufung, bestimmter Tag oder besonderes Ereignis, Gottes Plan

Negativ: außerhalb von Gottes Zeitplan; Kontrolle

Hos 6,11: Auch dir, Juda, ist eine Ernte bestimmt, wenn ich die Gefangenschaft meines Volkes wende!

Kamel – Ausdauer

Positiv: Fortbewegungsmittel von bedeutsamer Natur; spezieller Dienst oder bestimmtes Unternehmen, Stärke, lange Reise

Negativ: Dinge zurückhalten, plump, unansehnlich, große Last

Bibelstellen: Hebr 6,15 | Mt 19,24 | Mt 23,24

Mk 1,6: Johannes aber war bekleidet mit Kamelhaaren und trug einen ledernen Gürtel um seine Lenden, und er aß Heuschrecken und wilden Honig.

Kaninchen – Zunahme / Wohlergehen

Positiv: Vervielfältigung, schnelles Wachstum

Negativ: böser Geist, unrein, Vermehrung von Sünde oder schlechtem Einfluss

Bibelstellen: 3Mo 11,6 | 5Mo 14,7

Spr 20,21: Ein Erbe, welches man am Anfang übereilt erworben hat, das wird am Ende nicht gesegnet sein.

Känguru – beschützend / streitsüchtig

Positiv: Steht für eine Person, die sich um Schwächere kümmert und sie schützt.

Negativ: streitsüchtige Person, zieht voreilige Schlüsse, gerät leicht in Streit

Spr 31,8: Tue deinen Mund auf für den Stummen, für das Recht all derer, die dem Untergang geweiht sind!

Spr 25,12: Wie ein goldener Ring und Schmuck aus feinem Gold, so passt eine weise Mahnung zu einem aufmerksamen Ohr.

Spr 25,7–8: Denn es ist besser, man sagt zu dir: »Komm hier herauf!«, als dass man dich vor einem Fürsten erniedrigt, den deine Augen gesehen haben. Geh nicht rasch gerichtlich vor, denn was willst du danach tun, wenn dein Nächster dich zuschanden macht?

Karneval – Weltlich

Positiv: Fest, Party, losgelöst von der Welt, vielfältige Talente und Gaben

Negativ: fleischlich, Exhibitionismus, Wahrsagerei, Wettstreit

Bibelstellen: Lk 21,34

Apg 16,16: Es geschah aber, als wir zum Gebet gingen, dass uns eine Magd begegnete, die einen Wahrsagegeist hatte und ihren Herren durch Wahrsagen großen Gewinn verschaffte.

Karten – Fakten

Positiv: Ehrlichkeit, Wahrheit, schlaue Konstruktion

Negativ: Unehrlichkeit, hinterhältig, unbeständig

Röm 12,17: Vergeltet niemand Böses mit Bösem! Seid auf das bedacht, was in den Augen aller Menschen gut ist.

Käse – Werke / Segen

Positiv: Werke des Gehorsams, Versorgung

Negativ: Werke des Fleisches, Rebellion

Bibelstellen: 1Petr 2,2 | Joh 4,34 | Hiob 10,10

2Sam 17,29 (EÜ): Außerdem brachten sie David und seinen Leuten Honig und Butter, Schafe und Käse als Nahrung. Denn sie sagten: Das Volk in der Steppe ist hungrig, erschöpft und durstig.

Katze - eigenwillig

Positiv: persönliches Haustier, also etwas Kostbares; Geist der Unabhängigkeit, talentierter Jäger

Negativ: unbelehrbar, Raubtier, unreiner Geist, raffiniert/heimtückisch, Betrug, Selbstmitleid

Spr 7,10–12: Siehe, da lief ihm eine Frau entgegen, in Hurenkleidung und mit arglistigem Herzen. Sie ist unbändig und zügellos, ihre Füße können nicht zu Hause bleiben; bald ist sie auf der Straße, bald auf den Plätzen; an allen Ecken lauert sie.

Kauen(d) - meditieren / beurteilen

Positiv: Weisheit und Einsicht, Geist der Unterscheidungsfähigkeit, Beurteilung/Einschätzung, Reife

Negativ: schwierige Wahrheit, Zögern, Urteil

Bibelstellen: 1Tim 4,15 | Ps 49,3 | Spr 24,9 | Hebr 5,14 | 1Kor 2,6

Jos 1,8: Lass dieses Buch des Gesetzes nicht von deinem Mund weichen, sondern forsche darin Tag und Nacht, damit du darauf achtest, alles zu befolgen, was darin geschrieben steht; denn dann wirst du Gelingen haben auf deinen Wegen, und dann wirst du weise handeln!

Keller - Grundfeste, tiefes Fundament / fleischlich

Positiv: Zuflucht, Einsamkeit, Rückzug, tiefes Fundament

Negativ: weltliche oder fleischliche Natur, Wollust, Entmutigung oder Depression, Dinge die im Verborgenen sind oder getan werden

Bibelstellen: Ps 63,9

Jer 38,6: Da nahmen sie Jeremia und warfen ihn in die Zisterne des Königssohnes Malkija, die sich im Gefängnishof befand; und sie ließen ihn an Stricken hinunter. In der Zisterne aber war kein Wasser, sondern nur Schlamm; und Jeremia sank in den Schlamm.

Kindergarten

siehe: Schule

Kleidung – Hülle, Bedeckung / Status

Positiv: Rechtschaffenheit, Geist, Salbung, Autorität, Schutz, Identität

Negativ: schmutzige Kleidung, Selbstgerechtigkeit, Stolz, Unreinheit, Gesetzlichkeit

Bibelstellen: Röm 13,14 | Jak 2,2

Jes 64,5: Wir sind ja allesamt geworden wie Unreine und alle unsere Gerechtigkeit wie ein beflecktes Kleid. Wir sind alle verwelkt wie die Blätter, und unsere Sünden trugen uns fort wie der Wind.

Knie oder kniend – Unterordnung

Positiv (rechtes Knie): Respekt, Anbetung, Gehorsam, Anerkennen von Autorität, Demütigung des Herzens

Negativ (linkes Knie): Götzendienst, Eigensinnigkeit/ Engstirnigkeit, unnachgiebig, Schwäche

Bibelstellen: Röm 14,11 | Jes 45,23 | Hebr 12,12

Phil 2,10: … damit in dem Namen Jesu sich alle Knie derer beugen, die im Himmel und auf Erden und unter der Erde sind.

Knöchel - Dienst / Schwäche

Positiv: Heilung, Stärkung, Vorbereitung für Arbeit im Dienst
Negativ: Schwäche, Gebrechen, Gefangenschaft
Bibelstellen: Apg 3,7
Ps 105,18 (EÜ): Man spannte seine Füße in Fesseln und zwängte seinen Hals ins Eisen.

Knochen - innere Stärke / geistliche Dürre

Positiv: ewig, Zustand des Herzens, innere Stärke, Geist, Struktur
Negativ: Mangel an Struktur, Tod, geistlich trocken
Bibelstellen: Mt 23,27 | Spr 17,22 | Ps 102,5
Hes 37,11: Und er sprach zu mir: Menschensohn, diese Gebeine sind das ganze Haus Israel. Siehe, sie sprechen: »Unsere Gebeine sind verdorrt, und unsere Hoffnung ist verloren; es ist aus mit uns!«

Koffer - privat / Vorbereitung

Positiv: Reise, sich bewegen, Übergang, intime oder persönliche Angelegenheiten, Erlösung
Negativ: verborgene Dinge des Herzens, Trennung, alte Gewohnheiten (Gepäck)
Bibelstellen: Hes 12,3 | Gal 6,5
Hiob 14,17: Versiegelt ist meine Übertretung in einem Bündel, und meine Schuld hast du verwahrt.

Königin - Einfluss

(z. B. Esther und die Frau von Pontius Pilatus)
Positiv: Autorität, Macht, Stellvertretung, Botschafter
Negativ: Macht des Bösen, Sklaverei, böse Herrschaft
Bibelstellen: Est 2,17 | 2Chr 9,9
Apg 8,27: Und er stand auf und machte sich auf den Weg. Und siehe, [da war] ein Äthiopier, ein Kämmerer und Gewaltiger der Kandake, der Königin der Äthiopier, welcher über ihren ganzen Schatz gesetzt war; dieser war gekommen, um in Jerusalem anzubeten.

Krähe/Rabe - Verwirrung

Positiv: eigenartige Versorgung, direkter Weg
Negativ: Streitigkeiten, hasserfüllt, Finsternis, barsche oder unverblümte Person
Bibelstellen: Jak 3,16 | Jes 34,11 | Ps 35,26 | Spr 30,17
1Kö 17,4.6: Und du sollst aus dem Bach trinken, und ich habe den Raben geboten, dass sie dich dort versorgen! ... Und die Raben brachten ihm Brot und Fleisch am Morgen und Brot und Fleisch am Abend, und er trank aus dem Bach.

Krankenhaus - Heilung / Wiederherstellung

Positiv: Ort der Heilung, Gemeinde, Dienst
Negativ: Wunden, Entmutigung, Krankheit
Bibelstellen: Ps 109,22 | Lk 10,30 | Lk 33–34
Jes 53,5: Doch er wurde um unserer Übertretungen willen durchbohrt, wegen unserer Missetaten zerschlagen; die Strafe lag auf ihm, damit wir Frieden hätten, und durch seine Wunden sind wir geheilt worden.

Krieger

siehe: Soldat

Krone – Autorität / Belohnung, Herrlichkeit, Ehre, Beförderung

Positiv: Errungenschaft, Statussymbol, Siegeskrone, Krone der Herrlichkeit, Krone des Lebens als Lohn für Ausdauer und anhaltende Errungenschaft (Jak 1,12).

Negativ: ungerechtfertigte Position, Kosten der Königsherrschaft, Ausschau halten nach einem Leiter im Fleisch anstatt nach jemandem, der von Gott dazu bestimmt ist (1Sam 8,1–22).

Bibelstellen: 2Kö 11,12 | 1Petr 5,4

Jes 62,3: Und du wirst eine Ehrenkrone in der Hand des HERRN sein und ein königliches Diadem in der Hand deines Gottes.

Küche – Vorbereitung

Positiv: Herzenswunsch, Pläne, Motive/Absichten, Leidenschaft, Ort der Abgeschiedenheit für den Herrn

Negativ: selbstsüchtige Wünsche, Leiden/Bedrängnis, »im Feuer«, Prüfungen

Bibelstellen: Hebr 4,12 | 1Kor 11,24

Hos 7,6: Denn sie haben ihr Herz in ihrer Hinterlist einem Ofen gleichgemacht: Ihr Bäcker schläft die ganze Nacht, am Morgen brennt er lichterloh.

Kuh – Wohlergehen / Rebellion

Positiv: Wohlstand; Wohlergehen/Gedeihen und Versorgung von Gott; Wort Gottes; so wie eine Kuh Milch und Fleisch liefert.

Negativ: Mangel an Versorgung aufgrund der Selbstsucht einer Person. Weigerung, den Zehnten zu zahlen. Färse; dickköpfig, unnachgiebig, rebellisch; nimmt Korrektur oder Ratschläge kaum an.

Hiob 21,10: Sein Stier bespringt, und nicht umsonst; seine Kuh kalbt ohne Fehlgeburt.

Hos 4,16: Denn Israel ist widerspenstig geworden wie eine störrische Kuh; nun wird sie der HERR weiden wie ein Lamm in weiter Landschaft.

Kühlschrank – Herz / Erhaltung, Aufbewahrung

Positiv: Absichten des Herzens, positive Einstellung, persönliche Gedanken, Versorgung

Negativ: selbstsüchtige Motive, negative Einstellung, böse oder fleischliche Gedanken

Bibelstellen: Mt 12,35 | Mk 7,21–22

5Mo 11,18: So nehmt euch nun diese meine Worte zu Herzen und in eure Seele, und bindet sie zum Zeichen auf eure Hand, und sie sollen zum Erinnerungszeichen über euren Augen sein.

Kuss – Vereinbarung

Positiv: Bund, Bestätigung, Gruß, Akzeptanz, Versöhnung, Dankbarkeit, Identifikation, Segnungen

Negativ: Betrug, Verlockung, Verführung, Versuchung, Täuschung

Bibelstellen: Lk 7,36–50 | 1Kö 19,18 | Hos 13,2 | 2Sam 20,9 | Apg 20,37

Lk 15,20: Und er machte sich auf und ging zu seinem Vater. Als er aber noch fern war, sah ihn sein Vater und hatte Erbarmen; und er lief, fiel ihm um den Hals und küsste ihn.

Labor – Vorbereitung

Positiv: Ort der Vorbereitung auf das Fließen in all den verschiedenen Gaben des Geistes.

2Tim 1,6–7: Aus diesem Grund erinnere ich dich daran, die Gnadengabe Gottes wieder anzufachen, die durch Auflegung meiner Hände in dir ist; denn Gott hat uns nicht einen Geist der Furchtsamkeit gegeben, sondern der Kraft und der Liebe und der Zucht.

Lahm – schwach / nicht völlig fruchtbar

Positiv: Heilung, abhängig

Negativ: unvollkommen, bedürftig, widersprüchlich, ohnmächtig/machtlos gemacht, unerfüllt

Bibelstellen: 3Mo 21,18 | Hiob 29,15

Lk 7,22: Und Jesus antwortete und sprach zu ihnen: Geht hin und berichtet dem Johannes, was ihr gesehen und gehört habt: Blinde werden sehend, Lahme gehen, Aussätzige werden rein, Taube hören, Tote werden auferweckt, Armen wird das Evangelium verkündigt.

Laptop – Information

Positiv: steht für eine potenziell wertvolle Informationsquelle; Zugang zu Wissensquellen, die von Gott aufgezeigt werden

Est 2,22: Das wurde dem Mordechai bekannt, und er sagte es der Königin Esther; Esther aber sagte es dem König in Mordechais Namen.

Läuse – Überführung

Positiv: Befreiung von einem Geist der Schuld oder Scham

Negativ: Anklage, Bedrängnis, Schuld, Scham, böser Einfluss

Bibelstellen: 2Mo 8,16–18

Ps 105,31 (HFA): Auf Gottes Weisung kam Ungeziefer, ganze Schwärme von Stechmücken bedeckten das Land.

Lehrer – Leiterschaft / geistliche Autorität

Positiv: Offenbarung, Richtung, Jesus, Heiliger Geist, Autorität

Negativ: Werke des Fleisches, böser Leiter, falscher Prophet

Bibelstellen: Mt 8,19 | Joel 2,23

Mt 23,10: Auch sollt ihr euch nicht Meister nennen lassen; denn einer ist euer Meister, der Christus.

(Sprossen-)Leiter – sachbezogener Aufstieg / Abstieg

Positiv: befähigen, entkommen, Beförderung, Hilfe oder Rettung

Negativ: Schwierigkeiten, Degradierung/Herabstufung, Verlassenheit

Bibelstellen: Joh 3,13

1Mo 28,12–13: Und er hatte einen Traum; und siehe, eine Leiter war auf die Erde gestellt, die reichte mit der Spitze bis an den Himmel. Und siehe, auf ihr stiegen die Engel Gottes auf und nieder. Und siehe, der HERR stand über ihr und sprach: Ich bin der HERR, der Gott deines Vaters Abraham und der Gott Isaaks; das Land, auf dem du liegst, will ich dir und deinem Samen geben.

Leopard

siehe: Jaguar

Lippen – Worte

Positiv: das, was uns die Fähigkeit gibt, zu sprechen; Gebetsangebote, Lobpreis oder Anbetung; geistliche Frucht hervorbringend
Negativ: Anklage, Versuchung, Verführung, Verleumdung/Beleidigung, stumm bleiben aus mangelnder Zuversicht, zu viel Selbstsicherheit
Bibelstellen: Hebr 13,15 | Spr 7,21 | Spr 10,19 | Ps 63,5
Ps 119,13: Mit meinen Lippen verkünde ich alle Bestimmungen deines Mundes.

Löwe – Herrschaft / Sieg

Positiv: Christus, König, Tapferkeit, mächtig, kühn, siegreich
Negativ: Satan, Geist der Gesetzlichkeit, Zerstörung
Bibelstellen: Jud 14,18 | Spr 30,30 | Spr 28,1

1Petr 5,8: Seid nüchtern und wacht! Denn euer Widersacher, der Teufel, geht umher wie ein brüllender Löwe und sucht, wen er verschlingen kann

Lumpen - Armut

Negativ: Zeichen der Trauer und Verzweiflung oder eines Geistes der emotionalen, finanziellen und geistlichen Armut im Leben.

Spr 23,21: ... denn Säufer und Schlemmer verarmen, und Schläfrigkeit kleidet in Lumpen.

Maden/Würmer - tote Werke

Negativ: Maden findet man in verfaultem, unreinem oder totem organischen Material, daher können sie für fleischliche, unreine oder tote Werke stehen, mit denen eine Person zu tun hat.

Jes 14,11: Ins Totenreich hinabgestürzt ist deine Pracht, das Rauschen deiner Harfen; Maden werden dein Lager sein und Würmer deine Decke.

Magier/Zauberer - Antichrist

Negativ: bezieht sich auf satanischen Einfluss, Täuschung, vertrauter Geist, Spiritismus, Wahrsagerei oder falsche antichristliche Lehren

Offb 21,8: Die Feiglinge aber und die Ungläubigen und mit Gräueln Befleckten und Mörder und Unzüchtigen und Zauberer und Götzendiener und alle Lügner – ihr Teil wird in dem See sein, der von Feuer und Schwefel brennt; das ist der zweite Tod.

Malerei, Gemaltes

siehe: Anstrich

Mann – Bote / Charaktervorbild

Positiv: Engel, Bote Gottes, Jesus, göttlicher oder natürlicher Helfer
Negativ: Dämon, böser Entschluss, Zerstörer
Bibelstellen: Hebr 13,2 | Lk 10,33
Mt 2,13: Als sie aber weggezogen waren, siehe, da erscheint ein Engel des Herrn dem Joseph im Traum und spricht: Steh auf, nimm das Kind und seine Mutter mit dir und fliehe nach Ägypten und bleibe dort, bis ich es dir sage; denn Herodes will das Kind suchen, um es umzubringen!

Maschine – Arbeit oder Bewegung / Erfolg

Positiv: Produktivität, in Bewegung, Dinge angehen, eine Rolle spielen (wichtig sein für etwas), Einheit
Negativ: unnütze Taten, unnütze Worte, stagnierend/stillstehend
Bibelstellen: Pred 7,29 | Röm 7,5 | Mt 12,36
Spr 18,20: An der Frucht seines Mundes sättigt sich der Mensch, am Ertrag seiner Lippen isst er sich satt.

Mauer – Barriere / Hindernis

Positiv: Verteidigung, Leiterschaft, Unterstützung, Königreich Gottes, Schutz
Negativ: Behinderung, Hindernis, Unglaube, Stolz
Bibelstellen: 2Sam 22,30 | Neh 6,6–15

Spr 18,11: Der Besitz des Reichen ist für ihn eine feste Stadt und wie eine hohe Mauer in seiner Einbildung.

Meer

siehe: Ozean

Messer – Worte

Positiv: Offenbarung, Wahrheit; Worte, die das Herz durchdringen
Negativ: heftige Zurückweisung, ärgerliche Worte, Tratsch, Anklage
Bibelstellen: Ps 52,2
Tit 1,13: Dieses Zeugnis ist wahr; aus diesem Grund weise sie streng zurecht, damit sie gesund seien im Glauben.

Messing – Wort / falsches Wort

Positiv: Wort Gottes, Läuterung, Reinigung
Negativ: unwahres Wort, Urteil, Scheinheiligkeit, unwahr, von minderer Qualität
Bibelstellen: Offb 1,15 | 2Chr 12,10 | Jes 48,4
1Kor 13,1: Wenn ich in Sprachen der Menschen und der Engel redete, aber keine Liebe hätte, so wäre ich ein tönendes Erz oder eine klingende Schelle.

Mikrofon – Stimme / Kommunikationsfähigkeit

Positiv: Autorität, Einfluss, Predigt
Negativ: Kontrolle; das Bedürfnis, im Mittelpunkt zu stehen
Bibelstellen: Mt 10,27

Offb 21,3: Und ich hörte eine laute Stimme aus dem Himmel sagen: Siehe, das Zelt Gottes bei den Menschen! Und er wird bei ihnen wohnen; und sie werden seine Völker sein, und Gott selbst wird bei ihnen sein, ihr Gott.

Mikroskop – Untersuchung, Begutachtung

Positiv: Beurteilung/Unterscheidung, Selbstuntersuchung, Gewissensprüfung
Negativ: Urteil, Mangel an Unterscheidungsfähigkeit, unwissend
Bibelstellen: 1Kor 11,28
Gal 6,4: Jeder aber prüfe sein eigenes Werk, und dann wird er für sich selbst den Ruhm haben und nicht für einen anderen.

Mikrowelle – Geschwindigkeit

Positiv: schnelle Arbeit, Vorbereitung, plötzliches Wunder
Negativ: Ungeduld, Bequemlichkeit dem Aufwand vorziehen
Bibelstellen: Röm 9,28
Apg 16,26: Da entstand plötzlich ein großes Erdbeben, sodass die Grundfesten des Gefängnisses erschüttert wurden, und sogleich öffneten sich alle Türen, und die Fesseln aller wurden gelöst.

Mond – falsche Gemeinde

Positiv: Regel, Autorität haben, Manifestation
Negativ: Manifestation, falsche Anbetung, das Okkulte, Islam
Bibelstellen: Eph 1,3 | Jes 30,26 | 5Mo 33,14
Ps 89,37: Sein Same soll ewig bleiben und sein Thron wie die Sonne vor mir.

Morgen – neu / Anfang, Beginn

Positiv: Gnade, Kommunikation mit Gott, Erleuchtung/Aufklärung, Erfrischung

Negativ: Uneinigkeit, Erschöpfung, Befürchtung/Angst

Bibelstellen: Ps 5,3 | Spr 27,14 | 2Petr 1,19

Klgl 3,22–23: Gnadenbeweise des HERRN sind's, dass wir nicht gänzlich aufgerieben wurden, denn seine Barmherzigkeit ist nicht zu Ende; sie ist jeden Morgen neu, und deine Treue ist groß!

Motor – Salbung

Positiv: Kraft; Macht und Taten des Heiligen Geistes, Schwung

Negativ: Selbstmotivation, sich auf die eigene Kraft verlassen, fleischlich, kraftlos/machtlos

Bibelstellen: Apg 1,8 | Eph 3,7

Sach 4,6: Da antwortete er und sprach zu mir: Das ist das Wort des HERRN an Serubbabel: Nicht durch Macht und nicht durch Kraft, sondern durch meinen Geist!, spricht der HERR der Heerscharen.

Motorrad – einzeln, Einzelperson

Positiv: persönlicher Dienst, unabhängiger Geist, schneller Fortschritt

Negativ: Selbstsucht, Rebellion, Einzelkämpfer, außerhalb von Autorität

Bibelstellen: 2Petr 2,10 | 1Sam 15,23

Ps 104,3 (HFA): Über den Wolken hast du deine Wohnung errichtet. Ja, die Wolken sind dein Wagen, du fährst auf den Flügeln des Windes dahin.

Mund – Worte / Fähigkeit zu sprechen

Positiv: Prophetie, das Wort Gottes aussprechen, Erbauung, Überzeugungskraft, Lehre

Negativ: Tratsch, Böses sprechen, grausame oder missbräuchliche Rede

Bibelstellen: Ri 7,6 | Hiob 20,12 | Ps 119,13 | 2Sam 22,9

Offb 1,16: In seiner rechten Hand hielt er sieben Sterne, und aus seinem Mund kam ein scharfes, doppelschneidiges Schwert. Sein Gesicht leuchtete strahlend hell wie die Sonne.

Musik – Anbetung / den Heiligen Geist in Bewegung bringen

Positiv: Anbetung Gottes, Prophetie, tiefes Verlangen, völlig hingegeben

Negativ: Götzenanbetung, falsche Anbetung

Bibelstellen: Hes 33,32 | Dan 3,5

Eph 5,19: Ermutigt einander durch Psalmen, Lobgesänge und Lieder, wie sie euch Gottes Geist schenkt. Singt für den Herrn und jubelt aus vollem Herzen!

Mutter – Ursprung, Quelle / Vermittlung, Anteilgabe

Positiv: Gemeinde, Mitgefühl, geistliche Mutter, nährend/ fürsorglich, geistliche Quelle

Negativ: Missbrauch, Vernachlässigung, Schaden, Tratsch

Bibelstellen: Jes 49,15 | Jes 66,13

Lk 8,21: Der Mann antwortete: »An all das habe ich mich von Jugend an gehalten.«

Nacht – Finsternis / das Böse

Positiv: Befreiung von Finsternis oder Täuschung
Negativ: unwissend, Sünde, Macht des Bösen, Täuschung
Bibelstellen: Joh 12,35 | Joh 11,10
1Thess 5,7: Denn die Schlafenden schlafen bei Nacht, und die Betrunkenen sind bei Nacht betrunken.

Nacken/Genick – Wille / Einfluss

Positiv: Autorität, Sieg, göttlicher Einfluss auf jene in Autorität
Negativ: dickköpfig, eigensinnig/eigenwillig, böser Einfluss, Ungläubiger
Bibelstellen: 1Mo 27,40 | 5Mo 28,48 | Jes 10,27 | 1Mo 33,4 | Lk 15,20
2Mo 32,9: Und der HERR sprach zu Mose: Ich habe dieses Volk beobachtet, und siehe, es ist ein halsstarriges Volk.

Nackt – entblößt

Positiv: ehrlich, Wahrheit, Unschuld
Negativ: unrein, beschämt, Wollust, Exhibitionismus, Unwissenheit
Bibelstellen: 1Mo 2,25 | Offb 16,15 | Offb 3,17
Jes 58,7: Besteht es nicht darin, dass du dem Hungrigen dein Brot brichst und arme Verfolgte in dein Haus führst, dass, wenn du einen Entblößten siehst, du ihn bekleidest und dich deinem eigenen Fleisch nicht entziehst?

Nadel – selten / unabhängig

Positiv: ein Symbol für etwas, das selten oder schwer zu finden ist

Negativ: Unabhängigkeit; kann ein Zeichen dafür sein, dass in einer bestimmten Situation auf irdische Besitztümer vertraut wird, anstatt auf den Herrn und seine Rettung/Lösung

Mk 10,25 (EÜ): Leichter geht ein Kamel durch ein Nadelöhr, als dass ein Reicher in das Reich Gottes gelangt.

Nägel – Worte / miteinander verbinden

Positiv: Wort Gottes, Weisheit, Gelübde, Bund, bleibend/ permanent, sicher

Negativ: gebrochene Gelübde, unsicher, zeitlich begrenzt

Bibelstellen: 1Chr 22,3 | Jes 41,7

Pred 12,11 (NLB): Die Worte eines weisen Lehrers sind wie ein spitzer Stock, mit dem ein Hirte sein Vieh antreibt. Die gesammelten Worte gleichen fest eingeschlagenen Nägeln: Sie sind uns von dem einen Hirten gegeben.

Nase – Beurteilung, Unterscheidung

Positiv: Unterscheidung der Geister, Schönheit

Negativ: ungebetene Einmischung, Streit/Uneinigkeit, Wichtigtuer/jemand, der sich überall einmischt

Bibelstellen: Spr 30,33 | 2Kö 19,28 | Hld 7,4

Ps 115,6: Mit ihren Ohren können sie nicht hören, mit ihren Nasen nicht riechen.

Nation – typische/charakteristische Darstellung eines Volkes, einer Gruppe oder eines Stammes

Positiv: Integrität, Stärke, Handlung, Versorgung
Negativ: Unmoral, Korruption, Armut
Bibelstellen: 1Kö 9,7 | 1Mo 46,3
1Petr 2,9: Ihr aber seid ein auserwähltes Geschlecht, ein königliches Priestertum, ein heiliges Volk, ein Volk des Eigentums, damit ihr die Tugenden dessen verkündet, der euch aus der Finsternis berufen hat zu seinem wunderbaren Licht.

Norden – geistlich / positiv

Positiv: ausgerüstet zum geistlichen Kampf, Himmel, Erbteil
Negativ: Gerichtsurteil, Angriff
Bibelstellen: Spr 25,23 | Jer 1,13–14 | 5Mo 2,3
Dan 11,15: Denn der König des Nordens wird kommen und einen Wall aufwerfen und eine befestigte Stadt einnehmen. Und die Streitkräfte des Südens werden nicht standhalten, auch nicht die beste Mannschaft seines Volkes; denn da wird keine Kraft zum Widerstand sein.

Oberschenkel – Fleisch / Wahrheit

Positiv: Stärke, Unterstützung, Bund, Versprechen, das Verborgene oder Verdeckte entdecken
Negativ: Fleisch, Wollust, Verführung, Manipulation, Täuschung
Bibelstellen: Offb 19,16 | 4Mo 18,18
1Mo 24,2: Und Abraham sprach zu dem ältesten Knecht seines Hauses, der Verwalter aller seiner Güter war: Lege doch deine Hand unter meine Hüfte.

Ochse – Stärke / Versorgung

Positiv: Stärke, Fähigkeit, Diener
Negativ: schwer beladen, Sklave
Bibelstellen: Hiob 39,9 | Jes 1,3
5Mo 33,17: »Stark seid ihr wie ein Stier, gefährlich wie ein wilder Büffel, der mit den Hörnern um sich stößt. Ihr Tausende aus Manasse und Zehntausende aus Ephraim, ihr besiegt alle Völker auf der ganzen Welt.«

Ofen – Gerichtsurteil

Positiv: Leidenschaft, Meditation, Vorbereitung
Negativ: Prüfung/Strafprozess, Richterspruch, böse Vorstellungen
Bibelstellen: Mal 4,1
Hos 7,7: Sie glühen alle wie ein Ofen und verzehren ihre Richter; alle ihre Könige sind gefallen: Keiner von ihnen ruft mich an.

Ohren – Anweisungen erhalten, nicht zuhören

Positiv: Aufruf, zu unterscheiden, zuzuhören und Anweisungen von Gott entgegenzunehmen. Den Glauben durch das Hören und Aufnehmen von Gottes Wort stärken.
Negativ: Nicht auf Gottes Wort hören oder eine prophetische Stimme verachten.
Röm 10,17: Demnach kommt der Glaube aus der Verkündigung, die Verkündigung aber durch Gottes Wort.
Mt 13,15–17: Denn das Herz dieses Volkes ist verstockt, und mit den Ohren hören sie schwer, und ihre Augen haben sie verschlossen, dass sie nicht etwa mit den Augen sehen und mit den Ohren hören und mit dem Herzen verstehen und sich bekehren und ich

sie heile.« Aber glückselig sind eure Augen, dass sie sehen, und eure Ohren, dass sie hören! Denn wahrlich, ich sage euch: Viele Propheten und Gerechte haben zu sehen begehrt, was ihr seht, und haben es nicht gesehen, und zu hören, was ihr hört, und haben es nicht gehört.

Oktopus/Tintenfisch – den Verstand bindend

Negativ: Bezieht sich auf einen Geist, der den Verstand bindet und wie mit den Tentakeln eines Oktopusses gefangen hält. Kann auch auf das Vorhandensein einer inneren Unruhe und Verwirrung hindeuten, die jemand vielleicht zu verstecken versucht. Dieses Symbol ist eine Warnung und sollte ernst genommen werden, damit dem Geist widerstanden werden und er im Namen Jesu gebunden werden kann.

Röm 12,2: Und passt euch nicht diesem Weltlauf an, sondern lasst euch [in eurem Wesen] verwandeln durch die Erneuerung eures Sinnes, damit ihr prüfen könnt, was der gute und wohlgefällige und vollkommene Wille Gottes ist.

Öl – Salbung

Positiv: Salbung des Heiligen Geistes, Heilung

Negativ: Täuschung, Neigung zu Fehltritten, unsicherer Stand

Bibelstellen: 1Sam 16,13 | Spr 5,3

Jak 5,14: Ist jemand von euch krank? Er soll die Ältesten der Gemeinde zu sich rufen lassen; und sie sollen für ihn beten und ihn dabei mit Öl salben im Namen des Herrn.

Osten – Anfang / Start

Positiv: neuer Tag, zuerst, Neuanfang, Vorfreude
Negativ: falsche Religion, falscher Anfang
Bibelstellen: 1Mo 11,2 | 2Mo 10,13
Mt 24,27: Denn wie der Blitz vom Osten ausfährt und bis zum Westen scheint, so wird auch die Wiederkunft des Menschensohnes sein.

Ozean – Menschheit / Welt

Positiv: Nationen, Völker, Generationen, schneller Fortschritt
Negativ: ungewiss/ungeklärt/unstet, unzufrieden, aufgewühlt, treulos/falsch
Bibelstellen: Ps 68,22 | Jak 3,11–12 | Offb 4,6
2Mo 14,22: Und die Kinder Israels gingen mitten in das Meer hinein auf dem Trockenen, und das Wasser war ihnen wie eine Mauer zu ihrer Rechten und zu ihrer Linken.

Palast – wichtiger Ort / Fülle

Positiv: kann auf das himmlische Domizil Christi hinweisen; könnte sich auf eine wichtige Person oder Regierung beziehen, auf einen Ort der Heiligkeit oder innigeren Beziehung zu Gott, einen Ort der Fülle und Schönheit
Ps 45,15: Man führt sie mit Freuden und Frohlocken, und sie ziehen ein in den Palast des Königs.

Papagei – Imitator, Nachahmer

Positiv: imitieren, nachmachen, wiederholen, sich jemandem angleichen

Negativ: Spott, Wiederholung von negativem Verhalten oder Worten, unwissend, halsstarrig/unbelehrbar

Bibelstellen: 2Kö 2,23

Hebr 9,24: Denn nicht in ein mit Händen gemachtes Heiligtum, in eine Nachbildung des wahrhaftigen, ist der Christus eingegangen, sondern in den Himmel selbst, um jetzt für uns vor dem Angesicht Gottes zu erscheinen.

Parfum – Einfluss / Gegenwart Gottes

Positiv: Anziehungskraft, angenehm, Ratgeber des Vertrauens

Negativ: Verführung, Wollust, Versuchung, Täuschung, falsche Darstellung

Bibelstellen: Spr 27,9 | Spr 7,17–18

Hld 1,3: Lieblich duften deine Salben; dein Name ist wie ausgegossenes Salböl: darum lieben dich die Jungfrauen!

Pfeile – göttliche / verletzende Worte

Positiv: prophetische Worte, Wort des Herrn, klare Richtung, zielsicher

Negativ: Tratsch, Täuschung/Betrug, Lügen, dämonische Angriffe, böse Absichten anderen gegenüber

Bibelstellen: Ps 11,2 | Röm 5,3–4 | Jer 9,8 | Ps 127,4 | 2Kö 13,17

Spr 25,18–19: Ein Hammer, ein Schwert, ein spitzer Pfeil: so ist ein Mensch, der gegen seinen Nächsten ein falsches Zeugnis ablegt. Auf einen treulosen Menschen ist am Tag der Not ebenso

viel Verlass wie auf einen zerbrochenen Zahn und auf einen wankenden Fuß.

Pferd – Dienst / Karriere / Arbeit

Positiv: Bau des Königreichs, Stärke, geistliche Kampfführung, Tradition, etwas einleiten

Negativ: Werke des Fleisches, beladen/belastet, etwas auf altmodische oder traditionelle Weise tun

Bibelstellen: Jer 5,8 | Ps 33,17 | Offb 6,1–8

Offb 19,11: Und ich sah den Himmel geöffnet, und siehe, ein weißes Pferd, und der darauf saß, heißt »Der Treue und der Wahrhaftige«; und in Gerechtigkeit richtet und kämpft er.

Pilz – schnell

Positiv: plötzliches Wachstum oder Zunahme, unerwartete Manifestation

Negativ: zerbrechlich, Gift, verzehrt oder komplett eingenommen; etwas, das wertvoll erscheint, aber eigentlich kaum Wert hat; Täuschung

Bibelstellen: Jona 4,10

Jes 48,3: Das Frühere habe ich längst schon verkündigt; aus meinem Mund ist es hervorgegangen, und ich habe es bekannt gemacht. Plötzlich habe ich es ausgeführt, und es ist eingetroffen.

Polizei – Autorität / Gottes Korrektur und Urteil

Positiv: geistliche Autorität, göttlicher Schutz, Engel

Negativ: Fluch des Gesetzes, Dämonen, Kontrolle

Bibelstellen: Lk 12,11 | Röm 13,1, 4

Neh 4,16 (LUT): Auch sprach ich zu der Zeit zum Volk: Ein jeder bleibe mit seinen Leuten über Nacht in Jerusalem, dass sie uns des Nachts als Wache dienen und am Tage für die Arbeit.

Popcorn – plötzlich

Positiv: plötzliche Offenbarung des Wortes durch den Heiligen Geist

2Tim 3,16: Alle Schrift ist von Gott eingegeben und nützlich zur Belehrung, zur Überführung, zur Zurechtweisung, zur Erziehung in der Gerechtigkeit.

Eph 1,18 (EÜ): Er erleuchte die Augen eures Herzens, damit ihr versteht, zu welcher Hoffnung ihr durch ihn berufen seid, welchen Reichtum die Herrlichkeit seines Erbes den Heiligen schenkt.

Portemonnaie/Brieftasche – Versorgung / geistlicher Schatz

Positiv: Versorgung und Versprechen irdischen Wohlstands. Guter geistlicher Schatz, der durch einen gottgefälligen Lebenswandel empfangen wurde.

Negativ: Es könnte sich um weltliche Reichtümer oder die Vortäuschung weltlicher Reichtümer handeln. Gefälschte Versorgung. Ein leerer Geldbeutel könnte für die Anwesenheit eines Geistes der Armut stehen.

Hag 1,6: Ihr sät viel und bringt wenig ein; ihr esst und werdet doch nicht satt; ihr trinkt und habt doch nicht genug; ihr kleidet euch und werdet doch nicht warm; und wer einen Lohn verdient, der legt ihn in einen durchlöcherten Beutel!

Mt 12,35: Der gute Mensch bringt aus dem guten Schatz des Herzens das Gute hervor, und der böse Mensch bringt aus seinem bösen Schatz Böses hervor.

Prediger – Botschafter, Bote

Positiv: Vertreter Gottes, Sprecher/Wortführer, geistliche Autorität, jemand mit Autorität in der Geschäftswelt
Negativ: Täuschung, falscher Lehrer
Bibelstellen: Jer 3,15 | Jer 23,1 | 2Kor 11,13
2Petr 2,5 (NLB): Auch die frühere Welt hat er nicht verschont – mit Ausnahme von Noah und den sieben Mitgliedern seiner Familie. Noah hatte die Welt vor dem gerechten Gericht Gottes gewarnt. Dann vernichtete Gott die Welt durch eine gewaltige Flut und alle gottlosen Menschen kamen darin um.

Probieren/Schmecken – Erfahrung / beweisen oder testen

Positiv: Unterscheidung/Beurteilung, Vertrauen, Vision, eine Chance wahrnehmen
Negativ: Drangsal, Urteil, Verstümmelung, Zerstörung
Bibelstellen: Ps 34,8 | Hiob 6,30
Hiob 12,11: So wie mein Mund gute Speise erkennt, so prüft mein Ohr die Worte, die es hört.

Radio – Funkübertragung / Kommunikation

Positiv: öffentliche Bekanntmachung, Predigt, Erklärung, Nachrichten, Bezeugen/Zeuge werden, kontinuierlicher Informationsfluss

Negativ: unablässiger Tratsch, falsche Nachrichten, Ungläubiger

Bibelstellen: Mt 24,14 | Spr 9,13

Spr 25,25 (NLB): Gute Nachrichten aus der Ferne sind wie kaltes Wasser für den Durstigen.

Rakete – Macht / Geschwindigkeit

Positiv: vollmächtiger Dienst, schneller Fortschritt, plötzliche Veränderung oder Bewegung

Negativ: schnelle Zerstörung, unerwarteter Angriff, Krieg

Bibelstellen: Ps 64,7 | Spr 6,15 | Spr 29,1

Apg 1,8: »Aber wenn der Heilige Geist über euch gekommen ist, werdet ihr seine Kraft empfangen. Dann werdet ihr von mir berichten – in Jerusalem, in ganz Judäa, in Samarien, ja bis an die Enden der Erde.«

Ratte – unrein / Seuche

Negativ: Seuche, die unterschwellig lauert; Pest, Fresser, frevelhaft/sündhaft

Bibelstellen: 3Mo 26,21 | Ps 37,12

3Mo 11,29: Auch diese sollen für euch unrein sein von dem Gewimmel, das auf der Erde kriecht: das Wiesel, die Maus, die verschiedenen Eidechsenarten.

Rauch – Beweis / Unterscheidung, Beurteilung

Positiv: Herrlichkeit Gottes, Gebet, Anbetung, Manifestation der Gegenwart Gottes

Negativ: Prahlen, verdüstert/bewölkt, Urteil, versteckt

Bibelstellen: Mt 12,20 | 1Mo 19,28 | Apg 10,4

Offb 8,4: Und der Rauch des Räucherwerks stieg auf vor Gott, zusammen mit den Gebeten der Heiligen, aus der Hand des Engels.

Raumschiff – übernatürlich

Positiv: etwas Neues oder Anderes im Königreich; ein Wunder; symbolisiert eine Aufforderung, für ein Wunder zu fasten und zu beten.

Negativ: Steht für die Mächte der Finsternis, welche im zweiten Himmel wirken, oder für Mächte der Wahrsagerei und die Beteiligung an Okkultem.

Röm 8,9: Ihr aber seid nicht im Fleisch, sondern im Geist, wenn wirklich Gottes Geist in euch wohnt; wer aber den Geist des Christus nicht hat, der ist nicht sein.

Regen – Leben / Segnungen

Positiv: Erweckung, Ausgießung des Heiligen Geistes, Wort Gottes

Negativ: Depression, Enttäuschung, Prüfung, zurückgehaltene Segnungen, mangelnde Gegenwart Gottes

Bibelstellen: Jer 3,3 | Sach 10,1 | Jes 55,10–11

Ps 68,8–9 (NLB): Gott, als du dein Volk aus Ägypten herausgeführt hast, als du durch die Wüste gewandert bist, da bebte die Erde, und vom Himmel strömte Regen, vor dir, dem Gott des Sinai, vor Gott, dem Gott Israels.

Regenbogen – Bund / Versprechen

Positiv: Schutz, guter Bericht/gutes Zeugnis, Thron Gottes, Ende der Entmutigung oder Zerstörung

Bibelstellen: 1Mo 9,13 | Hes 1,28 | Offb 4,3

1Mo 9,16 (NLB): »Wenn der Regenbogen in den Wolken steht, werde ich ihn ansehen, um mich an den ewigen Bund zu erinnern, den ich mit allen Lebewesen auf der Erde geschlossen habe.«

Rennen – Bemühen / Vision

Positiv: Glaube, Entschlossenheit, auf das Ziel zustürmen

Negativ: voreilige Entscheidung, Prüfung/Anfechtung, schwierige Aufgabe

Bibelstellen: 1Kor 9,24 | Jer 12,15 | Spr 1,6 | Spr 4,22

Offb 9,9: Und sie hatten Panzer wie eiserne Panzer, und das Getöse ihrer Flügel war wie das Getöse vieler Wagen und Pferde, die zur Schlacht eilen.

Richter – Autorität / Urteilsvermögen, Unterscheidung

Positiv: Gott, Gewissen, Jesus, Unterscheidungsfähigkeit

Negativ: böse Autorität, Machtmissbrauch in Leiterschaft, richtend, kritischer Geist, Satan; Taten oder Herzenseinstellungen, über die gerichtet wird

Bibelstellen: Apg 17,31 | 2Mo 18,21–23 | 1Kor 2,14

Esra 7,25: Du aber, Esra, setze nach dem weisen Gesetz deines Gottes, das in deiner Hand ist, Richter und Rechtspfleger ein, die alles Volk richten sollen, das jenseits des Stromes ist, alle, welche die Gesetze deines Gottes kennen; und wer sie nicht kennt, den sollt ihr sie lehren.

Riese - Herausforderung

Positiv: Meister/Champion, Stärke, Überwinder
Negativ: geistliche Kampfführung, unüberwindbare Herausforderung, Hindernis, Frucht des Fleisches
Bibelstellen: 4Mo 13,32–33 | 2Chr 20,6
2Sam 21,20: Und wieder kam es zum Kampf bei Gat; dort war ein Mann von großer Länge, der hatte je sechs Finger an seinen Händen und je sechs Zehen an seinen Füßen, [insgesamt] 24 an der Zahl; der stammte auch von Rapha ab.

Ring - Versprechen / öffentlicher Vertrag

Positiv: Autorität, Bund, Wohlergehen, Ansehen, Akzeptanz, Heimkehr, Vergebung
Negativ: Selbstverherrlichung, gebrochenes Versprechen, Rebellion
Bibelstellen: Est 8,8 | Jak 2,2 | Lk 15,21–22
1Mo 41,42: Und der Pharao nahm den Siegelring von seiner Hand und steckte ihn an die Hand Josephs, und er bekleidete ihn mit weißer Leinwand und legte eine goldene Kette um seinen Hals.

Ringen - Durchhaltevermögen

Positiv: Errettung, Beharrlichkeit, Mühsal
Negativ: Kampf/Ringen, Widerstand, Trübsal, Prüfung, Kontrolle
Bibelstellen: Eph 6,12 | 2Tim 2,24
1Mo 32,24–25: Er nahm sie und ließ sie den Fluss überqueren. Dann schaffte er alles hinüber, was ihm sonst noch gehörte. Als er allein zurückgeblieben war, rang mit ihm ein Mann, bis die Morgenröte aufstieg.

Rock (Kleidung) – Wahrheit / Abdeckung

Positiv: Anmut, Schönheit
Negativ: bloßgestellt, Scham, ungebührliches Verhalten
Bibelstellen: Jer 2,34 | Jer 13,26 | 1Mo 3,7
Jer 13,22 (NIV): Und wenn du dich fragst: »Warum ist mir das passiert?« – Es ist wegen deiner vielen Sünden, dass deine Röcke heruntergerissen und dein Körper misshandelt wurde.

Rollschuhe oder Inliner – schnell

Positiv: zügiges Vorankommen oder Fortschritt, Fähigkeit
Negativ: zügiger Rückgang, gefährlich
Bibelstellen: Röm 9,28
Jes 5,19 (LUT): … und [sie] sprechen: Er lasse eilends und bald kommen sein Werk, dass wir's sehen; es nahe und treffe ein der Ratschluss des Heiligen Israels, dass wir ihn kennenlernen!

Rost – Zerstörung

Negativ: verborgene Art der Zerstörung; Person oder Sache, die unterschwellig Zerstörung hervorruft; könnte eine Aufforderung sein, in ewige Güter zu investieren, die nicht vom Rost zerfressen werden, anstatt auf irdische Reichtümer zu vertrauen
Mt 6,19: Ihr sollt euch nicht Schätze sammeln auf Erden, wo die Motten und der Rost sie fressen und wo die Diebe nachgraben und stehlen.

Rückseite (Heck) - verborgen / zurückliegend / Vergangenheit

Positiv: Ende eines Zeitabschnitts; etwas, das zu Ende ist (Neuanfang); versteckt, geschützt

Negativ: verborgen; etwas, das zu Ende ist (Abbruch); aus dem Blickfeld nehmen

Bibelstellen: Mk 8,32–33 | Phil 3,13–14

Jos 8,4 (EÜ): [Er schickte sie] weg mit dem Befehl: Seht zu, dass ihr auf der Rückseite der Stadt im Hinterhalt liegt, aber nicht zu weit entfernt von der Stadt. Dort haltet euch alle bereit!

Rückspiegel - Vergangenheit

Positiv: weitergehen, die Vergangenheit zurücklassen

Negativ: zurückschauen, an die Vergangenheit gefesselt, Gesetzlichkeit, Bedauern, vergessene Dinge, verdrängte Angelegenheiten

Bibelstellen: 2Kor 3,6 | 1Mo 19,26

Phil 3,13–14 (HFA): Wie gesagt, meine lieben Brüder und Schwestern, ich weiß genau: Noch bin ich nicht am Ziel angekommen. Aber eins steht fest: Ich will vergessen, was hinter mir liegt, und schaue nur noch auf das Ziel vor mir. Mit aller Kraft laufe ich darauf zu, um den Siegespreis zu gewinnen, das Leben in Gottes Herrlichkeit. Denn dazu hat uns Gott durch Jesus Christus berufen.

Rückwärts – Ende / Rückschritt

Positiv: Rückkehr in die Vergangenheit für ein Wort der Weisheit im Hinblick auf Befreiung oder Heilung; zurückliegend, vorbei, Sünde hinter sich lassen

Negativ: Rückkehr in die Vergangenheit; Rückfall, Rückschritt, aus dem Gleichgewicht

Bibelstellen: 2Mo 33,23 | Mk 8,32–33 | Phil 3,13–14 | Jer 14,7

1Kö 14,9 (EÜ): Du hast es schlimmer getrieben als alle, die vor dir waren, du bist hingegangen, hast dir andere Götter und Gussbilder gemacht und mich dadurch erzürnt. Mir hast du den Rücken gekehrt.

Rudern – beständige Arbeit

Positiv: Fürbitte, geistliche Arbeit, harte Arbeit

Negativ: Bemühen, unangenehme harte Arbeit

Bibelstellen: Mk 6,48 | Phil 2,30

Jes 53,11: Nachdem seine Seele Mühsal erlitten hat, wird er seine Lust sehen und die Fülle haben; durch seine Erkenntnis wird mein Knecht, der Gerechte, viele gerecht machen, und ihre Sünden wird er tragen.

Rüstung – Schutz / unvorbereitet

Positiv: Bekleidung, die in Vorbereitung auf Krieg angezogen wird; Licht, Gerechtigkeit

Negativ: unvorbereitet, Dunkelheit, Stolz, Fleisch (fleischlich)

Bibelstellen: 1Kö 20,11 | Röm 13,12

Eph 6,11–13: Zieht die ganze Waffenrüstung Gottes an, damit ihr standhalten könnt gegenüber den listigen Kunstgriffen des

Teufels; denn unser Kampf richtet sich nicht gegen Fleisch und Blut, sondern gegen die Herrschaften, gegen die Gewalten, gegen die Weltbeherrscher der Finsternis dieser Weltzeit, gegen die geistlichen [Mächte] der Bosheit in den himmlischen [Regionen]. Deshalb ergreift die ganze Waffenrüstung Gottes, damit ihr am bösen Tag widerstehen und, nachdem ihr alles wohl ausgerichtet habt, euch behaupten könnt.

Salbung - Weihe

Positiv: absondern, heilig, göttlicher Auftrag, Diener, Heilung, geistliche Vision, gekennzeichnet; dazu gemacht, hervorzustechen

Bibelstellen: 2Mo 40,9 | Röm 3,3 | Ps 23,5 | Offb 3,18

2Mo 28,41 (EÜ): Dann bekleide damit deinen Bruder Aaron und zusammen mit ihm auch seine Söhne und salbe sie, fülle ihre Hände und weihe sie, damit sie mir als Priester dienen!

Salz - konservierend / macht Durst

Positiv: Bund, reinigend, konserviert/bewahrt, angenommen, beschützt; zieht die Unerretteten zu Gott, sodass sie den Herrn begehren

Negativ: zurückgewiesen, ungeschützt, ungehorsam

Bibelstellen: Mk 9,50 | 1Mo 19,26 | Hes 47,11

Kol 4,6 (HFA): Redet mit jedem Menschen freundlich; alles, was ihr sagt, soll gut und hilfreich [mit Salz gewürzt] sein. Bemüht euch darum, für jeden die richtigen Worte zu finden.

Same – Wort / Finanzen

Positiv: Wort Gottes, Glaube, Christus, Erfüllung, Verheißung, aufgefüllte Finanzen

Negativ: Menschenwort, gehegte Sünde, Werke des Fleisches

Bibelstellen: Lk 8,11 | 1Mo 1,11–12 | Lk 6,45

Mt 13,27–30: Und die Knechte des Hausherrn traten herzu und sprachen zu ihm: Herr, hast du nicht guten Samen in deinen Acker gesät? Woher hat er denn das Unkraut? Er aber sprach zu ihnen: Das hat der Feind getan! Da sagten die Knechte zu ihm: Willst du nun, dass wir hingehen und es zusammenlesen? Er aber sprach: Nein!, damit ihr nicht beim Zusammenlesen des Unkrauts zugleich mit ihm den Weizen ausreißt. Lasst beides miteinander wachsen bis zur Ernte, und zur Zeit der Ernte will ich den Schnittern sagen: Lest zuerst das Unkraut zusammen und bindet es in Bündel, dass man es verbrenne; den Weizen aber sammelt in meine Scheune!

Sand – Menschen / fleischlich

Positiv: kindliche Unschuld, sorglos, verspielt/ausgelassen, Vielzahl, im Überfluss

Negativ: schwach, unsicheres Fundament, kindisch, unrein

Bibelstellen: Mt 7,26–27 | 1Mo 13,16 | 1Mo 22,17

1Mo 32,13: Du aber hast gesagt: Ich will dir gewisslich wohltun und deinen Samen machen wie den Sand am Meer, der vor Menge nicht zu zählen ist!

Sanduhr - Vorwärtskommen

Positiv: es ist nur eine Frage der Zeit, bis etwas geschieht; die Zeit ist nahe, es steht unmittelbar bevor

Negativ: die Zeit läuft ab; Gottes Maßregelung und Korrektur in einer Sache ist gekommen.

Ps 102,14: Du wirst dich aufmachen und dich über Zion erbarmen; denn es ist Zeit, dass du ihr Gnade erweist; die Stunde ist gekommen!

2Kor 6,2: Denn es heißt: »Zur angenehmen Zeit habe ich dich erhört und am Tag des Heils dir geholfen«. Siehe, jetzt ist die angenehme Zeit; siehe, jetzt ist der Tag des Heils!

1Petr 4,17: Denn die Zeit ist da, dass das Gericht beginnt beim Haus Gottes; wenn aber zuerst bei uns, wie wird das Ende derer sein, die sich weigern, dem Evangelium Gottes zu glauben?

Sandwich - geistliche Nahrung

Positiv: steht für geistliche Nahrung oder geistlichen Inhalt – Brot.

Negativ: Bezug zu einer schwierigen Situation – dazwischen gepresst; eine ärgerliche Angelegenheit lösen.

Joh 6,58: Dies ist das Brot, das aus dem Himmel herabgekommen ist; es ist nicht wie das Manna, das eure Väter gegessen haben, und sind gestorben; wer dieses Brot isst, der wird leben in Ewigkeit!

Sattelschlepper – Erweiterung des Dienstes

Positiv: kraftvoll, große Arbeit, Erweiterung der Gemeinde
Negativ: große Last, Schwergewicht, eingeschränkte Bewegungsfreiheit
Bibelstellen: 2Sam 6,3 | Apg 5,4
Eph 1,19–23 (NLB): Ich bete, dass ihr erkennen könnt, wie übermächtig groß seine Kraft ist, mit der er in uns, die wir an ihn glauben, wirkt. Es ist dieselbe gewaltige Kraft, die auch Christus von den Toten auferweckt und ihm den Ehrenplatz an Gottes rechter Seite im Himmel gegeben hat. Jetzt ist er als Herrscher eingesetzt über jede weltliche Regierung, Gewalt, Macht und jede Herrschaft und über alles andere, in dieser wie in der zukünftigen Welt. Gott hat alles der Herrschaft von Christus unterstellt und hat Christus als Herrn über die Gemeinde eingesetzt. Die Gemeinde aber ist sein Leib, und sie ist erfüllt von Christus, der alles ganz mit seiner Gegenwart erfüllt.

Säure – Bitterkeit / Zerstörung / Auflösung

Positiv: Auflösen ungesunder Dinge
Negativ: Gift, Häme, Lächerlichkeit, Tratsch und üble Nachrede, Zerstörung, Anfeindung, Hass, Sarkasmus, Rache
Bibelstellen: Mk 16,18 | Apg 8,23 | Hebr 12,15 | Röm 3,14
Hiob 6,4 (EÜ): Die Pfeile des Allmächtigen stecken in mir, mein Geist hat ihr Gift getrunken, Gottes Schrecken stellen sich gegen mich.

Schaf/Lamm – unschuldig / Opfergabe

Positiv: Jesus, wahre Gläubige, fehlerlos, rein, Opfer
Negativ: widerwilliges Opfer, naiv, unwissend, verloren
Bibelstellen: Ps 100,3 | Jes 53,7 | Mt 18,13
Joh 10,4: Und wenn er seine Schafe herausgelassen hat, geht er vor ihnen her; und die Schafe folgen ihm nach, denn sie kennen seine Stimme.

Schaufel – Zunge

Positiv: Bekenntnis, Gebet, Anliegen
Negativ: Tratsch, üble Nachrede, Sticheleien
Bibelstellen: Spr 16,27 | Spr 26,27 | 2Mo 27,13 | Jes 30,24
Jak 1,26 (HFA): Wer sich für fromm hält, aber seine Zunge nicht zügeln kann, der macht sich selbst etwas vor. Seine Frömmigkeit ist nichts wert.

Schaukelstuhl – Vergangenheit / Selbstgefälligkeit, Bequemlichkeit

Positiv: schöne Erinnerungen an die Vergangenheit, Meditation, ausruhen, Ruhestand
Negativ: schmerzhafte Erinnerungen an die Vergangenheit, Erschöpfung, Depression, Mangel an Motivation/Bewegung
Bibelstellen: Jer 6,16
2Tim 2,14: Bringe dies in Erinnerung und bezeuge ernstlich vor dem Herrn, dass man nicht um Worte streiten soll, was zu nichts nütze ist als zur Verwirrung der Zuhörer.

Scheck – Glaube / Versorgung

Positiv: Versprechen; Zusicherung dessen, was kommen wird; Vertrauen, Glaube, Finanzen des Königreichs, Versorgung/Vorrat

Negativ: Betrug, Unglaube, Täuschung, Heuchelei

Bibelstellen: Hebr 11,1 | Mk 4,40 | Lk 17,5

Phil 4,19 (NLB): Und mein Gott wird euch aus seinem großen Reichtum, den wir in Christus Jesus haben, alles geben, was ihr braucht.

Schild/Hinweiszeichen – Richtung / Bestätigung

Positiv: Entscheidung, Veränderung, erfüllte Verheißung, Bestätigung, Bund

Negativ: Korrektur, Beleidigung; es ist wichtig, darauf zu achten, welche Art von Schild es ist, z. B. ein Stoppschild, ein Vorfahrtsschild oder ein Werbeschild

Bibelstellen: Hos 12,10 | 1Mo 9,12

Offb 15,1: Und ich sah ein anderes Zeichen im Himmel, groß und wunderbar: sieben Engel, welche die sieben letzten Plagen hatten; denn mit ihnen ist der Zorn Gottes vollendet.

Schildkröte – böser Geist, sich zurückziehen

Negativ: Anwesenheit eines Wasser- oder religiösen Geistes; belastet mit Gesetzlichkeit, die eine Person bremst; steht für eine Person, die sich von anderen zurückzieht und lieber alleine ist, wenn Widerstand oder Anfeindung auftreten.

Mt 23,13: Aber wehe euch, ihr Schriftgelehrten und Pharisäer, ihr Heuchler, dass ihr das Reich der Himmel vor den Menschen

zuschließt! Ihr selbst geht nicht hinein, und die hinein wollen, die lasst ihr nicht hinein.

Schilf(rohr) – schwach / Herzenseinstellung

Positiv: biegsam, nachgiebig, flexibel
Negativ: geistlich schwache Person, schnell aus der Ruhe gebracht, Gebrechen, fleischliche Schwächen
Bibelstellen: 2Kö 18,21 | Mt 26,41
Hes 29,6 (ELB): Und alle Bewohner von Ägypten werden erkennen, dass ich der HERR bin. Weil du dem Haus Israel eine Stütze aus Schilfrohr gewesen bist.

Schirm – Abdeckung / Schutz, Unterschlupf

Positiv: Schutz, Sicherheit
Negativ: sich vom Heiligen Geist trennen, abgetrennt, Depression
Bibelstellen: Ps 91,1 | Jes 4,5
Hiob 31,19: Habe ich mit angesehen, wie einer umherirrte ohne Kleider, oder der Arme ohne Decke?

Schlaf – Ruhe, Erholung / Tod

Positiv: unbewusst, Verjüngung, Sicherheit, Segen
Negativ: unwissend, ignorant, Faulheit
Bibelstellen: Ps 4,8 | Spr 6,9
Röm 13,11: Und dieses [sollen wir tun] als solche, die die Zeit verstehen, dass nämlich die Stunde schon da ist, dass wir vom Schlaf aufwachen sollten; denn jetzt ist unsere Errettung näher, als da wir gläubig wurden.

Schlagen oder geschlagen werden – verteidigen / Missbrauch

Positiv: geistliche Kampfführung, Verteidigung, Korrektur

Negativ: Missbrauch, Hohn/Spott, Tratsch, Verleumdung, verwundet, Verletzung

Bibelstellen: Joel 3,10 | 1Kor 9,26–27 | 1Petr 2,20

Jes 2,4: Und er wird Recht sprechen zwischen den Heiden und viele Völker zurechtweisen, sodass sie ihre Schwerter zu Pflugscharen schmieden werden und ihre Speere zu Rebmessern; kein Volk wird gegen das andere das Schwert erheben, und sie werden den Krieg nicht mehr erlernen.

Schlange – Satan

Positiv: Sieg Christi, den Fluch überwinden, geistliche Kampfführung

Negativ: Täuschung, Fluch, Sünde, üble Nachrede, kritischer Geist, Hexerei, Gefahr, Gift

Bibelstellen: 1Mo 3,1.14 | Ps 140,3

Offb 20,2: Und er ergriff den Drachen, die alte Schlange, die der Teufel und der Satan ist, und band ihn für tausend Jahre.

Schleier/Vorhang – verschleiern, verbergen / Reinheit

Positiv: Rechtschaffenheit/Gerechtigkeit, Salbung, Autorität, fünffältiger Dienst, Schutz; etwas von größter Wichtigkeit; zu jemand oder etwas anderem gehörend

Negativ: Täuschung, List, Betrug, blockiertes Verständnis, Gesetz, Fleisch

Bibelstellen: 2Kor 3,16 | Lk 24,45

Mk 15,37–38: Jesus aber stieß einen lauten Schrei aus und verschied. Und der Vorhang im Tempel riss von oben bis unten entzwei.

Schlüssel – Offenbarung

Positiv: Zugang, Autorität, Weisheit, prophetische Offenbarung, Verständnis, unentbehrlich, Christus

Bibelstellen: Lk 11,52 | 2Mo 31,3 | Offb 1,18

Mt 16,19: Und ich will dir die Schlüssel des Reiches der Himmel geben; und was du auf Erden binden wirst, das wird im Himmel gebunden sein; und was du auf Erden lösen wirst, das wird im Himmel gelöst sein.

Schmetterling – Metamorphose / verletzlich

Positiv: neue Schöpfung, wundertätig, Potenzial, Veränderung, Transformation, von großer Schönheit

Negativ: verletzlich, flüchtig/befristet, flatterhaft/unbeständig

Bibelstellen: 2Kor 5,17 | Joel 1,4

Röm 12,2: Und passt euch nicht diesem Weltlauf an, sondern lasst euch [in eurem Wesen] verwandeln durch die Erneuerung eures Sinnes, damit ihr prüfen könnt, was der gute und wohlgefällige und vollkommene Wille Gottes ist.

Schnee – Wort / Segnungen

Positiv: Reinheit, Gnade, Wiederherstellung, Offenbarung, langsame und sanfte Art der Erfrischung

Negativ: unerfüllt, verhindert, eingepfercht, Widerstand, krankhaft

Bibelstellen: 2Kö 5,27 | Mt 28,3

Jes 55,10–11: Denn gleichwie der Regen und der Schnee vom Himmel fällt und nicht wieder dahin zurückkehrt, bis er die Erde getränkt und befruchtet und zum Grünen gebracht hat und dem Sämann Samen gegeben hat und Brot dem, der isst – genau so soll auch mein Wort sein, das aus meinem Mund hervorgeht: Es wird nicht leer zu mir zurückkehren, sondern es wird ausrichten, was mir gefällt, und durchführen, wozu ich es gesandt habe!

Schuhe – Wort

Positiv: Evangelium, Vorbereitung, Schutz vor Kontakt mit der Welt, Bund

Negativ: Fleischeslüste, böser Vorsatz, sündiger Bund, Kontakt mit der Fleischlichkeit der Welt

Bibelstellen: Gal 5,16 | Rut 4,7 | Joh 13,10

Eph 6,15: … und die Füße gestiefelt mit der Bereitschaft [zum Zeugnis] für das Evangelium des Friedens.

Schule – Lehre / Vorbereitung

Positiv: Gemeinde, Arbeitsumgebung, Lehre als Dienst; Ort der Ausbildung und Vorbereitung für einen Dienst; Karriere oder Lebenswerk

Das Ausbildungsniveau ist je nach Art/Stufe der Schule, d. h. Kindergarten im Vergleich zu Universität, zu beurteilen.

Bibelstellen: Apg 19,9 | Lk 8,35

Jes 1,17: Lernt Gutes tun, trachtet nach dem Recht, helft dem Bedrückten, schafft der Waise Recht, führt den Rechtsstreit für die Witwe!

Schulter – Unterstützung

Positiv: Regierung, Autorität, Verantwortung, Stärke, abgesondert, heilig
Negativ: starrsinnig, entmutigt, Verführung, Versuchung
Bibelstellen: Jes 9,6 | 5Mo 18,3 | Sach 7,11
Jes 46,7: Sie nehmen ihn auf die Schulter, tragen ihn und stellen ihn an seinen Ort; da steht er und rührt sich nicht von der Stelle; ja, man schreit zu ihm, aber er antwortet nicht; er rettet niemand aus seiner Not.

Schwangerschaft – Neues Leben

Positiv: Neugeburt, Wartezeit, Vorbereitung, laufender Prozess, Erwartung
Negativ: wachsende Sünde, Begierden des Fleisches
Bibelstellen: Jes 66,9 | Ps 7,14
Jak 1,15: Danach, wenn die Begierde empfangen hat, gebiert sie die Sünde; die Sünde aber, wenn sie vollendet ist, gebiert den Tod.

Schwanz/Heck – Letzter / Ende / folgend

Positiv: das Ende eines Zeitabschnitts, Veränderung, das Herz eines Dieners
Negativ: giftig, tödlich, Schlusslicht, wartend, übersehen, falscher Prophet
Bibelstellen: Jes 9,15 | Offb 12,4 | 5Mo 28,44
5Mo 28,13: Und der HERR wird dich zum Haupt setzen und nicht zum Schwanz; und es wird mit dir immer nur aufwärtsgehen und nicht abwärts, wenn du den Geboten des HERRN, deines

Gottes, gehorchst, die ich dir heute gebiete, dass du sie bewahrst und tust.

Schwein – unrein

Negativ: unreine Geister, Rückfall, Ungläubiger
Bibelstellen: 3Mo 11,7 | 2Petr 2,22
Mt 8,30–32: Es war aber fern von ihnen eine große Herde Schweine auf der Weide. Und die Dämonen baten ihn und sprachen: Wenn du uns austreibst, so erlaube uns, in die Schweineherde zu fahren! Und er sprach zu ihnen: Geht hin! Da fuhren sie aus und fuhren in die Schweineherde. Und siehe, die ganze Schweineherde stürzte sich den Abhang hinunter in den See, und sie kamen im Wasser um.

Schwert – Wort

Positiv: Wort Gottes, ausgerüstet, vorbereitet
Negativ: kritische oder schädliche Worte, Schwierigkeit, Streit, Krieg, Verfolgung
Bibelstellen: Eph 6,17 | Spr 12,18
Offb 6,4: Und es zog ein anderes Pferd aus, das war feuerrot, und dem, der darauf saß, ihm wurde gegeben, den Frieden von der Erde zu nehmen, damit sie einander hinschlachten sollten; und es wurde ihm ein großes Schwert gegeben.

Schwester – Individuum

Positiv: geistliche Schwester, eine Person mit ähnlichen Eigenschaften oder Charakterzügen; die Gemeinde; eine selten benutzte Gabe oder Salbung

Negativ: fleischliche Schwester, böse Verwandtschaft

Bibelstellen: Mt 12,50

1Mo 20,5: Hat er nicht zu mir gesagt: »Sie ist meine Schwester?« Und auch sie selbst hat gesagt: »Er ist mein Bruder!« Habe ich doch dies mit aufrichtigem Herzen und unschuldigen Händen getan!

Schwiegermutter – Gesetzlichkeit

Positiv: Unterstützung, Verlässlichkeit, Sicherheit

Negativ: ungebetene Einmischung; Person, die Ärger verursacht; falsche Lehrer

Bibelstellen: Ps 87,5–6 | Hos 2,2.5 | Röm 16,13

Rut 3,1: Naemi aber, ihre Schwiegermutter, sprach zu ihr: Meine Tochter, sollte ich dir nicht Ruhe verschaffen, damit es dir gut gehen wird?

Schwiegervater – gesetzmäßig

Positiv: gesetzlich verankerte, autoritäre Beziehung (z. B. Kirchenleitung oder Arbeitgeber-Arbeitnehmer-Verhältnis)

Negativ: schwierige oder problematische Beziehung, Gesetzlichkeit, Gericht

Bibelstellen: 2Mo 18,2

Joh 18,13: Und sie führten ihn zuerst ab zu Hannas; denn er war der Schwiegervater des Kajaphas, welcher in jenem Jahr Hoherpriester war.

Schwimmen – im Geist wandeln

Positiv: Anbetung, in den Gaben des Geistes wirken, fließen, (Gottes-)Dienst
Negativ: Selbstverherrlichung, Ego, Wettstreit, Hindernis
Bibelstellen: Hes 47,5
Jes 41,18: Ich lasse Ströme hervorbrechen auf kahlen Höhen und Quellen inmitten der Täler; ich mache die Wüste zum Wasserteich und dürres Erdreich zu Wasserquellen.

Seife – Reinigung / Läuterung

Positiv: Buße/Umkehr, Überführung durch den Heiligen Geist, Vergebung, Reinigung des Herzens
Negativ: Verurteilung/Verdammung, Schuld, Scham
Bibelstellen: Jer 2,22 | Mal 3,2
Hiob 9,30: Wenn ich mich auch mit Schnee waschen würde und meine Hände mit Lauge reinigte …

Seil/Band/Strick – Verbindung / Einheit

Positiv: Bund, Schwur, göttliche Verbindung, Erlösung, Errettung
Negativ: Gebundenheit, Hindernisse, Bindung an Sünde, Festung
Bibelstellen: 1Kö 20,31 | Jer 38,11 | Spr 5,22
Jos 2,15–18: Da ließ sie dieselben an einem Seil durch das Fenster hinunter; denn ihr Haus war an der Stadtmauer, und sie wohnte an der Mauer. Und sie sprach zu ihnen: Geht in das Bergland, dass euch eure Verfolger nicht begegnen, und verbergt euch dort drei Tage lang, bis eure Verfolger zurückgekehrt sind; danach geht eures Weges! Und die Männer antworteten ihr: [Unter diesen Bedingungen] werden wir frei sein von deinem Eid,

den du uns hast schwören lassen: Siehe, wenn wir in das Land kommen, so sollst du diese Schnur aus karmesinrotem Faden in das Fenster knüpfen, durch das du uns hinabgelassen hast, und deinen Vater, deine Mutter, deine Brüder und das ganze Haus deines Vaters zu dir in das Haus versammeln.

Selbstmord – Selbstzerstörung / Versagen

Positiv: radikale Veränderung, Erneuerung des Sinnes
Negativ: Kummer, Reue, Selbsthass, Schuld (Wir können emotionalen oder geistlichen Selbstmord begehen, indem wir aufgrund einer Verletzung in der Vergangenheit wissentlich unkluge Entscheidungen treffen.)
Bibelstellen: Pred 7,16 | 2Kor 5,17
Mt 27,4–5 (NLB): »Ich habe gesündigt«, gestand er, »ich habe einen Unschuldigen verraten.« Sie fuhren ihn an: »Was geht uns das an? Das ist deine Sache.« Da warf Judas das Geld auf den Boden des Tempels, ging hinaus und erhängte sich.

Sex – geistliche Fortpflanzung

Positiv: Bund, Übereinstimmung, Einheit, intim, vermehrend
Negativ: missbräuchliche Autorität, Wollust, Selbstsucht, Scham
Bibelstellen: 1Kor 6,15–16 | 2Mo 22,16 | Jer 7,9–10
1Mo 2,23–24 (HFA): Da rief dieser: »Endlich gibt es jemanden wie mich! Sie wurde aus einem Teil von mir gemacht – wir gehören zusammen!« Darum verlässt ein Mann seine Eltern und verbindet sich so eng mit seiner Frau, dass die beiden eins sind mit Leib und Seele.

Sicherheitsgurt - Sicherheit / Verheißung Gottes

Positiv: Versicherungsschutz, Schutz
Negativ: Kontrolle, unterdrückt, gebunden
Bibelstellen: Ps 118,27
Hiob 24,23: Er gibt ihm Sicherheit, und jener verlässt sich darauf; und seine Augen [wachen] über ihre Wege.

Silber - Wissen / Segnungen

Positiv: Erlösung, Wissen Gottes, Läuterung, Offenbarung
Negativ: Götzendienst, geistlicher Ehebruch, weltliches Wissen, Betrug
Bibelstellen: Mt 27,6 | 1Petr 1,17–18
Ps 12,6: »Weil die Elenden unterdrückt werden und die Armen seufzen, so will ich mich nun aufmachen«, spricht der HERR; »ich will den ins Heil versetzen, der sich danach sehnt!«

Skorpion - sündige Natur

Positiv: sündige Neigungen überwinden
Negativ: große Gefahr, die nicht direkt sichtbar ist; Versuchung, Täuschung, giftig, stechende Schmerzen
Bibelstellen: Lk 10,19 | Lk 11,12
Offb 9,5: Und es wurde ihnen gegeben, sie nicht zu töten, sondern sie sollten fünf Monate lang gequält werden. Und ihre Qual war wie die Qual von einem Skorpion, wenn er einen Menschen sticht.

Sohn - Dienst / Geschäft

Positiv: geistlicher Sohn; Dienst, den man selbst begonnen oder vervielfältigt hat; geistlicher oder geschäftlicher Ertrag oder Vervielfältigung.

Negativ: rebellischer Dienst, außer Kontrolle, lüstern, eigensinnig

Bibelstellen: Jes 9,6 | Hes 16,44 | Lk 15,13 | 1Chr 28,20

Spr 4,3–4: Denn da ich noch als Sohn bei meinem Vater war, als zartes und einziges Kind unter den Augen meiner Mutter, da lehrte er mich und sprach zu mir: Dein Herz halte meine Worte fest; bewahre meine Gebote, so wirst du leben!

Soldat - Engel / Bote / Antwort

Positiv: Autorität, Anwesenheit von Engeln, Schutz, Antwort auf ein Gebet

Negativ: Verfolgung, dämonische Präsenz, böse Autorität, Kampf

Bibelstellen: 2Tim 2,3–4 | Ps 55,21

Offb 12,7: Und es entstand ein Kampf im Himmel: Michael und seine Engel kämpften gegen den Drachen; und der Drache und seine Engel kämpften.

Sommer - Ernte / Zeit der Segnungen

Positiv: Bund, ernten, Gelegenheit

Negativ: Drangsal, Trübsal, Qual

Bibelstellen: Ps 32,4 | Spr 10,5

Jer 40,12: Da kehrten alle diese Juden wieder zurück von den Orten, wohin sie vertrieben worden waren; und sie kamen in das Land Juda zu Gedalja nach Mizpa; und sie ernteten Wein und Obst in sehr großer Menge.

Sonne – Herrlichkeit / Nation Israel / Gemeinde Gottes

Positiv: Licht, Wahrheit, Gott, Tugend
Negativ: Trübsal, Verfolgung, Gott dieser Welt (Satan), Gesetz
Bibelstellen: Mal 4,2 | Mk 4,6.17
Ps 19,5–7: Ihre Reichweite erstreckt sich über die ganze Erde, und ihre Worte bis ans Ende des Erdkreises. Er hat der Sonne am Himmel ein Zelt gemacht. Und sie geht hervor wie ein Bräutigam aus seiner Kammer und freut sich wie ein Held, die Bahn zu durchlaufen. Sie geht an einem Ende des Himmels auf und läuft um bis ans andere Ende, und nichts bleibt vor ihrer Glut verborgen.

Spiegel – Blick ins Innere / Begutachtung, Untersuchung

Positiv: Erforschung des Herzens, Unterscheidung/Beurteilung
Negativ: Eitelkeit, Zurückschauen, persönliche Vergangenheit
Bibelstellen: 1Kor 13,12
Spr 27,19: Wie sich im Wasser das Angesicht spiegelt, so spiegelt sich das Herz des Menschen im Menschen.

Spielen – Fest, Feier

Positiv: wahre Anbetung, Festlichkeit, Anbetung, Zeit der Freude, uneingeschränkt
Negativ: wetteifern, konkurrieren, Götzendienst, ungehemmt/außer Kontrolle
Bibelstellen: 1Kor 9,24 | Kol 3,5
Sach 8,5: Und die Straßen der Stadt sollen erfüllt werden mit Knaben und Mädchen, die auf ihren Straßen spielen.

Stadt - Ruf / Charakter (das, wofür die Stadt bekannt ist)

Positiv: Schutz, Unversehrtheit, Stärke, Aktivität, Versorgung etc.
Negativ: Sittenlosigkeit, Festung, Korruption, Armut etc.
Bibelstellen: Hes 16,49–50 | Jud 1,7 | Apg 20,23
Spr 25,28 (NLB): Ein Mensch ohne Selbstbeherrschung ist so schutzlos wie eine Stadt mit eingerissenen Mauern.

Staubsauger - Reinigung

Positiv: geistliche Reinigung eines Unternehmens, eines Dienstes oder einer Person. Es ist zu beachten, wie und wo der Staubsauger benutzt wird.
Eph 5,26: … damit er sie heilige, nachdem er sie gereinigt hat durch das Wasserbad im Wort.

Stein - Zeuge / Fundament

Positiv: Zeugnis, Grundsatz, Wort Gottes, Eckstein, Christus
Negativ: Verfolgung, Anklage, Hexerei
Bibelstellen: 3Mo 20,27 | 1Petr 2,5
Jos 24,27: Und Josua sprach zu dem ganzen Volk: Siehe, dieser Stein soll Zeuge gegen uns sein; denn er hat alle Worte gehört, die der HERR zu uns geredet hat, und er soll Zeuge gegen euch sein, damit ihr euren Gott nicht verleugnet!

Steinbruch - Arbeit

Positiv: Arbeiten für das Königreich, das Königreich bauen, Arbeiter im Königreich, Versorgung, Stärke, Fundament
Negativ: Werke des Fleisches, eigenwillig, Gesetzlichkeit
Bibelstellen: 1Kö 5,17 | 1Kö 6,7
2Chr 2,2 (NLB): Er verpflichtete 70.000 Arbeiter, dazu 80.000 Männer, die im Gebirge Steine hauen sollten, und 3.600 Vorarbeiter.

Steppdecke - Offenbarung

Positiv: kann auf prophetische Offenbarungen hinweisen; Abdeckung; Schutz und Salbung des Heiligen Geistes; prophetische Offenbarung im Traum
Joel 3,1: Und nach diesem wird es geschehen, dass ich meinen Geist ausgieße über alles Fleisch; und eure Söhne und eure Töchter werden weissagen, eure Ältesten werden Träume haben, eure jungen Männer werden Gesichte sehen.

Stift - Worte / Wahrheit

Positiv: Kommunikation, Übereinstimmung/Übereinkunft, Vertrag, Gelübde, Bund, bleibend/permanent
Negativ: Tratsch, üble Nachrede, Bloßstellung
Bibelstellen: Jer 8,8 | Hiob 13,26 | Ps 45,1
Spr 3,3: Gnade und Wahrheit werden dich nicht verlassen! Binde sie um deinen Hals, schreibe sie auf die Tafel deines Herzens.

Stimme – Richtung

Positiv: Bund, Versprechen, Gemeinschaft/Abendmahl, Gehorsam, prophetisches Wort
Negativ: Zorn, Urteil, Ungehorsam
Bibelstellen: Joh 10,4 | Hebr 12,26
Offb 1,15 (EÜ): Seine Beine glänzten wie Golderz, das im Schmelzofen glüht, und seine Stimme war wie das Rauschen von Wassermassen.

Stuhl – Erholung / Position

Positiv: Ruhe, Frieden; Person oder Position mit Autorität; Beförderung
Negativ: in Unordnung, Unruhe
Bibelstellen: Jes 30,15 | Mt 23,6
Kol 3,1: Wenn ihr nun mit Christus auferweckt worden seid, so sucht das, was droben ist, wo der Christus ist, sitzend zur Rechten Gottes.

Sturm – Störung, Beeinträchtigung / Herausforderung im Leben

Positiv: Veränderung, Macht Gottes, Erweckung, unvermeidlich
Negativ: Drangsal, Schicksalsschlag, plötzliche Zerstörung, unvermeidliche Schwierigkeit
Bibelstellen: Jes 25,4 | Ps 107,29
Nah 1,3: Der HERR ist langsam zum Zorn, aber von großer Kraft, und er lässt gewiss nicht ungestraft. Der Weg des HERRN ist im Sturmwind und im Ungewitter, und Gewölk ist der Staub seiner Füße.

Süden – inkorrekt

Positiv: Heimkehr, Erwärmung
Negativ: kaputt, Versuchung, Drangsal, Täuschung, Angriff
Bibelstellen: 1Mo 13,3 | Jos 10,40 | Hiob 37,9
Lk 12,55: Und wenn der Südwind weht, so sagt ihr: Es wird heiß!, und es geschieht auch so.

Tal – Prüfung / Ort der Flucht

Positiv: Glaube, Vertrauen, Ruhepause, Versorgung, Sieg, Durchhaltevermögen
Negativ: Schwierigkeit, Zeit der Prüfung, Hoffnungslosigkeit, Depression
Bibelstellen: Hiob 39,21 | Jes 63,14
Ps 23,4: Und wenn ich auch wanderte durchs Tal der Todesschatten, so fürchte ich kein Unglück, denn du bist bei mir; dein Stecken und dein Stab, die trösten mich.

Tanzen – Anbetung / Feier

Positiv: Prophetie, Romantik, extreme Freude
Negativ: falsche Prophetie, Verführung, Wollust
Bibelstellen: 2Mo 32,19 | Mt 14,6 | Klgl 5,15
1Sam 18,6 (NLB): Als das Heer nach dem Sieg Davids über den Philister nach Hause zurückkehrte, kamen die Frauen aus allen Städten König Saul entgegen. Sie sangen und tanzten vor Freude und spielten auf Tamburinen und Zimbeln.

Tasche(n) – Versorgung / Gewicht, Ballast

Positiv: Gaben des Geistes, Begabung, Talent, Versorgung, Erlösung

Negativ: Last, Vergangenheit, emotionales Gepäck, Täuschung, Götzendienst

Bibelstellen: Mt 25,15 | Hiob 14,17

Jes 46,6: Sie schütten Gold aus dem Beutel und wiegen Silber ab, um einen Goldschmied zu beauftragen, der einen Gott daraus machen soll. Vor dem verneigen sie sich dann und beten ihn an!

Tastatur – Lobpreis / Götzenanbetung

Positiv: steht für Lobpreis und Anbetung oder kann auf eine prophetische Berufung hinweisen

Negativ: Götzenverehrung

Ps 150,1–5 (HFA): Halleluja – lobt den HERRN! Lobt Gott in seinem Heiligtum, lobt ihn, den Mächtigen im Himmel! Lobt ihn für seine gewaltigen Taten, lobt ihn, denn seine Größe ist unermesslich! Lobt ihn mit Posaunen, lobt ihn mit Harfe und Laute! Lobt ihn mit Tamburin und Tanz, lobt ihn mit Saitenspiel und Flötenklang! Lobt ihn mit Zimbelschall, lobt ihn mit Paukenschlag!

Dan 3,5: Sobald ihr den Klang der Hörner, Flöten, Zithern, Lauten, Harfen, Sackpfeifen und aller Arten von Musik hören werdet, sollt ihr niederfallen und das goldene Bild anbeten, das der König Nebukadnezar aufgestellt hat!

Tee – Erfrischung

Positiv: Güte; Erfrischung in Seiner Gegenwart; auf den Herrn warten; Erweckung, Errettung

Negativ: abgetrennt von der Güte, ausgetrocknet, Trockenzeit

Bibelstellen: Spr 25,25 | Jes 28,12

Apg 3,19 (NLB): Nun kehrt euch ab von euren Sünden und wendet euch Gott zu, damit ihr von euren Sünden gereinigt werden könnt.

Teer – reparieren / versiegeln

Positiv: abdecken, flicken, Heilung, Wiederherstellung

Negativ: Bitterkeit, Geist der Verärgerung, Missgunst, Verödung/Trostlosigkeit

Bibelstellen: Jes 34,8–9

2Mo 2,3: Als sie ihn aber nicht länger verbergen konnte, nahm sie ein Kästchen aus Schilfrohr und bestrich es mit Asphalt und Pech und legte das Kind hinein; und sie legte es in das Schilf am Ufer des Nils.

Telefon – Kommunikationsmittel

Positiv: Botschaft von Gott, Gebet, Fürbitte, göttlicher Rat, sich nach etwas ausstrecken

Negativ: Tratsch, ungöttliche Rede, falscher Zeuge

Bibelstellen: Apg 2,21 | Röm 10,12 | Jes 59,1–2

4Mo 12,8 (NLB): »Mit ihm spreche ich persönlich, direkt und nicht in Rätseln! Er sieht den Herrn in seiner Gestalt. Aber warum habt ihr euch dann nicht gescheut, so mit meinem Diener Mose zu sprechen?«

Teleskop – Einblick

Positiv: prophetische Schau der Zukunft; Vision; prophetische Sicht

Negativ: ein kleines Problem vergrößern

Offb 4,1: Als ich dann aufschaute, sah ich im Himmel eine Tür offen stehen, und dieselbe Stimme, die sich zuvor wie eine Posaune angehört hatte, sprach zu mir: »Komm hier herauf, und ich werde dir zeigen, was nach diesen Dingen noch geschehen muss.«

Tempel – Heiligtum

Positiv: wo Gott wohnt oder sich aufhält; Ort des Gebets, Jesus, inneres oder persönliches Heiligtum, Anbetung, Hingabe, (Gottes-)Dienst, physischer Leib

Negativ: Gesetzlichkeit, physischer Leib

Bibelstellen: 3Mo 21,23 | Jer 51,51

Eph 2,19–22: So seid ihr nun nicht mehr Fremdlinge ohne Bürgerrecht und Gäste, sondern Mitbürger der Heiligen und Gottes Hausgenossen, auferbaut auf der Grundlage der Apostel und Propheten, während Jesus Christus selbst der Eckstein ist, in dem der ganze Bau, zusammengefügt, wächst zu einem heiligen Tempel im Herrn, in dem auch ihr miterbaut werdet zu einer Wohnung Gottes im Geist.

Teppich/Läufer – Bedeckung / Wohlstand

Positiv: Bund, Heiliger Geist, Schutz, wertvoll

Negativ: abdecken, verdecken, verborgene Sünde, Täuschung

Bibelstellen: Mk 4,22

2Kor 4,2 (HFA): Wir halten uns fern von allen Heimlichkeiten, für die wir uns schämen müssten, wir täuschen niemanden und verdrehen auch nicht Gottes Botschaft. Im Gegenteil, wir sind Gott verantwortlich und verkünden frei und unverfälscht seine Wahrheit. Das ist unsere Selbstempfehlung! Jeder, der auf sein Gewissen hört, wird mir recht geben.

Termiten – subtile, schleichende Zerstörung

Positiv: Zerstörung des Bösen, Festungen niederreißen
Negativ: unsichtbare Zerstörung, Täuschung, verborgene Sünde
Bibelstellen: Ps 11,3
Hag 1,6 (HFA): Ihr habt viel Saat ausgesät, aber wenig geerntet. Ihr esst und werdet nicht satt, ihr trinkt und bleibt durstig. Was ihr anzieht, wärmt euch nicht, und das sauer verdiente Geld rinnt euch nur so durch die Finger.

Thron – Herrschaft / Regierung

Positiv: Autorität, innerer Hof, Gott, Gnadenthron, Königsherrschaft des Herrn
Negativ: Herrscher der Dunkelheit, dämonische Aktivität, Herrschaft des Fleisches
Bibelstellen: 1Tim 2,5 | Mt 17,19
Offb 21,5: Und der auf dem Thron saß, sprach: Siehe, ich mache alles neu! Und er sprach zu mir: Schreibe; denn diese Worte sind wahrhaftig und gewiss!

Tier (»das Tier«/Antichrist) – Luzifer

Negativ: etwas Negatives, das sich Gott entgegen stellt

Offb 13,8: Und alle, die auf der Erde wohnen, werden es anbeten, deren Namen nicht geschrieben stehen im Buch des Lebens des Lammes, das geschlachtet worden ist, von Grundlegung der Welt an.

Tiger – Gefahr

Positiv: mächtiger Geistlicher, geistlicher Kämpfer

Negativ: gefährliche Person, böse Absicht, Angriff, nicht unterordnend

Bibelstellen: 1Joh 3,8 | Sach 7,11

1Sam 13,6: Als nun die Männer von Israel sahen, dass sie in Not waren – denn das Volk war bedrängt –, da versteckte sich das Volk in Höhlen und Dickichten, in Felsklüften, Gewölben und Zisternen.

Tisch – Gemeinschaft / Feier

Positiv: Übereinkunft, Bund, Versorgung, Kommunikation, Struktur/Gefüge/Bauweise von Gottes Autorität

Negativ: gebrochene Vereinbarung, Hinterlist, verborgene Motive, Mangel an Versorgung

Bibelstellen: 1Kor 10,20–21 | Dan 11,27 | Ps 78,19

Ps 23,5: Du bereitest vor mir einen Tisch angesichts meiner Feinde; du hast mein Haupt mit Öl gesalbt, mein Becher fließt über.

Tochter – Heiliger Geist

Positiv: geistliche Tochter, Geist Gottes, Heilungsdienst, Anbetung, Werke des Heiligen Geistes, geistliche Gaben

Negativ: Manipulation, falscher Prophet, gestörter Dienst

Bibelstellen: Ps 9,14 | Sach 2,10 | Mt 15,22

Jes 62,11: Siehe, der HERR lässt verkündigen bis ans Ende der Erde: Sagt der Tochter Zion: Siehe, dein Heil kommt! Siehe, sein Lohn ist bei ihm, und was er sich erworben hat, geht vor ihm her!

Tod – Trennung / Neuanfang

Positiv: Buße, Sterben des Ichs, neues Leben, Ende des Vergangenen und Beginn des Neuen

Negativ: Verlust, Kummer, Beendigung/Abschluss

Bibelstellen: Joh 12,24 | Hebr 2,14 | Jes 26,14

1Kor 15,54: Wenn aber dieses Verwesliche Unverweslichkeit anziehen und dieses Sterbliche Unsterblichkeit anziehen wird, dann wird das Wort erfüllt werden, das geschrieben steht: »Der Tod ist verschlungen in Sieg!«

Topf/Pfanne – Gefäß / Vorbereitung

Positiv: Tradition, betrauter Diener, Wahrheit, Vorbereitung für den Dienst

Negativ: falsche Lehre oder Lehrer

Bibelstellen: Röm 2,20 | Jer 1,13

2Mo 25,29: Du sollst auch seine Schüsseln machen, seine Schalen, seine Kannen und seine Opferschalen, mit denen man [die Trankopfer] ausgießt; aus reinem Gold sollst du sie machen.

Traktor (Bauernhof) – langsame, aber kraftvolle Arbeit

Positiv: kraftvoller Dienst oder leistungsstarkes Unternehmen; tiefgründige Lehre, geistlicher Landwirt, Sämann; Lehre/Dienst/Unternehmen mit langsamer, aber effektiver Wirkweise; ausgerüstet für einen bestimmten Dienst/eine bestimmte Aufgabe; spezielles Werkzeug

Negativ: geistlicher Angriff, verletzende Worte, tiefe Verletzung

Bibelstellen: Apg 1,8

Apg 4,33: Und mit großer Kraft legten die Apostel Zeugnis ab von der Auferstehung des Herrn Jesus, und große Gnade war auf ihnen allen.

Tränen – Kummer

Positiv: Buße/Umkehr, Heilung, Gebet, Fürbitte

Negativ: Leid/Sorge, Pein, Urteil

Bibelstellen: Hiob 16,20 | Ps 126,5

Jer 9,1: O dass ich in der Wüste eine Herberge für Wanderer hätte, dass ich mein Volk verlassen und von ihm wegziehen könnte! Denn sie sind alle Ehebrecher und ein treuloser Haufen.

Treibsand – verborgene Gefahr

Negativ: Möglicherweise ein versteckter Feind, von dem Überwältigung droht. Schlechtes Fundament aufgrund von mangelnder Planung oder unrealistischen Plänen.

Ps 40,3: Er rettete mich aus dem Sumpf der Verzweiflung, aus Matsch und Schlamm. Er stellte mich auf festen Boden und gab meinen Füßen festen Halt.

Treppe – Fortschritt / Erhöhung

Positiv: Beförderung; Schritte oder Vorgehensweisen; Sicherheit, stetiger Fortschritt, Schritt für Schritt wachsen und reifen, Kontinuität

Negativ: zurückfallen, Degradierung, Versagen, gefährlich, stetiger Rückgang

Bibelstellen: 2Mo 20,26 | Apg 21,40

2Petr 3,18: Wachst dagegen in der Gnade und in der Erkenntnis unseres Herrn und Retters Jesus Christus! Ihm sei die Ehre, sowohl jetzt als auch bis zum Tag der Ewigkeit! Amen.

Neh 9,4: Und Jeschua, Banai, Kadmiel, Sebanja, Buni, Serebja, Bani und Kenani traten auf das Podest der Leviten und schrien laut zu dem HERRN, ihrem Gott.

Trompete – Stimme / Ankündigung

Positiv: Prophetie, Anbetung, Entrückung, Verkündigung, Segnung, Aufruf zur Versammlung, Ankündigung zum Zweck der Vorbereitung

Negativ: prophetische Warnung, Ruf zum Krieg, Gefahr

Bibelstellen: Jes 58,1 | 1Kor 15,52

Joel 2,15 (NLB): Blast die Trompeten in Zion! Ordnet ein heiliges Fasten an und ruft die Einwohner des Landes zu einer Gebetsversammlung zusammen!

Trophäe - Sieg / Belohnung

Positiv: greifbarer Sieg, Auszeichnung, Beförderung, Bestätigung einer Gabe oder Berufung, Überwinden

Negativ: Wettbewerb, Stolz, Selbstsucht, Eigenwerbung

Bibelstellen: 1Kö 20,11

1Sam 17,57: Sobald nun David nach der Erlegung des Philisters zurückkehrte, nahm ihn Abner und brachte ihn vor Saul; und der Kopf des Philisters war in seiner Hand.

Tunnel - Durchgang, Übergang

Positiv: ein Weg wurde dort bereitet, wo zuvor keiner war; Übergang; eine Möglichkeit, zu entkommen; Hoffnung, Erfrischung, Erweckung

Negativ: Finsternis, beunruhigendes Ereignis, Angst, in der Falle

Bibelstellen: 1Kor 10,13

2Chr 32,30: Er, Hiskia, war es auch, der den oberen Ausfluss des Gihonbaches verstopfte und ihn westlich abwärts, zur Stadt Davids leitete. Und Hiskia hatte Gelingen in allem, was er unternahm.

Tür - Eingang / Anfang

Positiv: Christus, neue Möglichkeit, Übergang; Aufforderung an uns, zu folgen; Ausdauer

Negativ: geschlossene Tür, Hindernis, Blockade

Bibelstellen: Joh 10,7.9 | Ps 141,3 | Kol 4,3

Offb 3,8: Ich kenne deine Werke. Siehe, ich habe vor dir eine geöffnete Tür gegeben, und niemand kann sie schließen; denn du hast eine kleine Kraft und hast mein Wort bewahrt und meinen Namen nicht verleugnet.

Unkraut/Jäten – Buße / ungepflegt

Positiv: Hinwegnehmen von Sünde/Fleisch/Ungerechtigkeit
Negativ: Faulheit, Sünde, Hochstapler, vernachlässigen, Werke des Fleisches, zerstörerisch
Bibelstellen: 1Mo 2,15 | Joh 2,5
Spr 24,30–31: Ich ging vorüber am Acker eines Faulen und am Weinberg eines Unverständigen, und siehe, er ging ganz in Unkraut auf, und Nesseln überwucherten ihn, und seine Steinmauer war eingestürzt.

Urin – Reinigung / Läuterung

Positiv: Buße/Umkehr, Erleichterung von Druck, Heilung, Wiederherstellung, wiederholter Vorgang
Negativ: Versuchung, starker Drang, Wollust, Auseinandersetzung, Beleidigung
Bibelstellen: Spr 17,14 | 1Sam 25,22
Jer 25,5 (NLB): Die Botschaft war jedes Mal dieselbe: »Kehrt doch um, jeder Einzelne von euch, lasst ab von dem falschen Weg, den ihr eingeschlagen habt und hört auf, Böses zu tun. Dann dürft ihr für immer in dem Land wohnen bleiben, das der Herr euch und euren Vorfahren geschenkt hat.«

Van/Kleinbus – Familie / geistliche Kinder

Positiv: geistliche Familie, Familiendienst, Gemeinschaft, wachsendes Geschäft
Negativ: Beschränkung im Dienst, Einschränkung, von jemand anderem kontrolliert
Bibelstellen: 1Kö 12,18 | Apg 8,28–38

Eph 3,14–19: Deshalb beuge ich meine Knie vor dem Vater unseres Herrn Jesus Christus, von dem jedes Geschlecht im Himmel und auf Erden den Namen erhält, dass er euch nach dem Reichtum seiner Herrlichkeit gebe, durch seinen Geist mit Kraft gestärkt zu werden an dem inneren Menschen, dass der Christus durch den Glauben in euren Herzen wohne, damit ihr, in Liebe gewurzelt und gegründet, dazu fähig seid, mit allen Heiligen zu begreifen, was die Breite, die Länge, die Tiefe und die Höhe sei, und die Liebe des Christus zu erkennen, die doch alle Erkenntnis übersteigt, damit ihr erfüllt werdet bis zur ganzen Fülle Gottes.

Vater – Autorität / Versorger

Positiv: Gott, Ursprung, Quelle, Vermehrung, Erbe, Ähnlichkeit
Negativ: Satan, Gesetzlichkeit, Generationenfluch
Bibelstellen: Eph 6,2 | Joh 8,44
Mal 2,10: Haben wir nicht alle einen Vater? Hat uns nicht ein Gott erschaffen? Warum sind wir denn so treulos, einer gegen den andern, und entweihen den Bund unsrer Väter?

Vergnügungspark – festlich / weltlich

Positiv: eine fröhliche, entspannte, Spaß bringende, festliche und glückliche Atmosphäre
Negativ: unbeständig, nicht verantwortungsbewusst; geistlicher Zirkus – Glaubenssystem das in einen Zirkus verwandelt wird; sinnlose, riskante Handlung
Spr 17,22a: Ein fröhliches Herz fördert die Genesung.
1Kor 10,6–7a: Diese Dinge aber sind zum Vorbild für uns geschehen, damit wir nicht nach dem Bösen begierig werden, so wie jene

begierig waren. Werdet auch nicht Götzendiener, so wie etliche von ihnen.

Versicherung - Glaube / Versprechen, Verheißung

Positiv: Garantie, vorbereitet, abdeckend, Zuversicht, Versprechen künftiger Versorgung

Negativ: ungeschützt/exponiert, unvorbereitet, unstet/unentschlossen

Bibelstellen: 2Sam 22,3

Hebr 10,22 (HFA): Darum wollen wir zu Gott kommen mit aufrichtigem Herzen und im festen Glauben; denn das Blut von Jesus Christus hat uns von unserem schlechten Gewissen befreit, und unser Körper wurde mit reinem Wasser von aller Schuld reingewaschen.

Vogel - Geist

Positiv: Heiliger Geist, Bote, Opfer, frei, Versorgung von Gott

Negativ: böser Geist, Tratsch, gejagt, geopfert, beherrscht

Bibelstellen: Mt 6,29 | Mt 13,32 | Mt 23,37 | Jes 46,11 | Jak 3,7

Mt 3,16: Und als Jesus getauft war, stieg er sogleich aus dem Wasser; und siehe, da öffnete sich ihm der Himmel, und er sah den Geist Gottes wie eine Taube herabsteigen und auf ihn kommen.

Vorderseite - Zukunft / richtige Seite

Positiv: voraussagende Prophetie, unmittelbar bevorstehend oder noch weit entfernt

Negativ: zur Schau gestellte Sünde, öffentlich bekanntmachen

Bibelstellen: 1Mo 6,11 | Offb 1,19

2Petr 3,14: Darum, Geliebte, weil ihr dies erwartet, so seid eifrig darum bemüht, dass ihr als unbefleckt und tadellos vor ihm erfunden werdet in Frieden!

Vorgarten

siehe: Vorderseite oder Rückseite

Vulkan – Ausbruch / Warnung

Positiv: explosionsartige Veränderung, Zeichen, schnelles Wachstum, Überbleibsel oder Erinnerung an das, was wir durchgemacht haben

Negativ: Urteil, emotional unbeständig, extremer Druck, gefährlich

Bibelstellen: 5Mo 32,22 | Offb 20,9

Ps 11,6 (HFA): Auf die Schuldigen wird er Feuer und Schwefel regnen lassen, und der Glutwind wird sie versengen.

Wache/beobachten – wachsam / andächtig

Positiv: wachsam/auf der Hut sein, vorsichtig/umsichtig, prophetisch, wachsam im Hinblick auf die Strategien des Feindes, wehrhafte Fürbitte, nahe Vision

Negativ: Warnung, Angriff, Plan des Feindes

Bibelstellen: 1Petr 5,8 | 1Kor 16,13 | 2Kö 11,6

Offb 3,3: So denke nun daran, wie du empfangen und gehört hast, und bewahre es und tue Buße! Wenn du nun nicht wachst, so werde ich über dich kommen wie ein Dieb, und du wirst nicht erkennen, zu welcher Stunde ich über dich kommen werde.

Wachtel – Versorgung

Positiv: göttliche Versorgung, Wundertaten, Zeichen und Wunder
Negativ: verlassen, braucht Versorgung, Zweifel
Bibelstellen: 2Mo 16,13 | 4Mo 11,31
Ps 105,40 (NLB): Sie baten um Fleisch, und er schickte ihnen Wachteln; mit Brot vom Himmel stillte er ihren Hunger.

Waffe – Kampfführung / Worte

Positiv: geistliche Autorität, Wort Gottes, geistliche Kampfführung
Negativ: verletzende Worte, Tratsch, Anklage, geistliche Kampfführung
Bibelstellen: Lk 11,21–22 | Apg 19,13.15.16
Ps 64,4 (NLB): Ihre Zungen sind scharf wie Schwerter und ihre harten Worte sind wie Pfeile, die sie abschießen.

Waise – verlassen

Positiv: demütig, abhängig
Negativ: unterdrückt, bedürftig, schwach, ungesunde Abhängigkeit, Fehlvorstellung
Bibelstellen: Hiob 24,14 | Ps 10,9 | Jes 3,14
Mal 3,5: Und ich werde kommen, um euch zu richten. Ich werde als Zeuge gegen die Zauberer, die Ehebrecher und die Lügner auftreten und gegen diejenigen, die Arbeiter um ihren Lohn bringen und die Witwen, Waisen und Ausländer unterdrücken, denn sie haben keinen Respekt vor mir«, spricht der allmächtige Herr.

Wandschrank - Innerer Ort

Positiv: persönlich, privat, Gebet, Heiligtum/Zufluchtsort
Negativ: verborgen, geheim, heimliche Sünde
Bibelstellen: Mt 6,6 | Lk 8,17
Lk 12,2: Es ist aber nichts verdeckt, das nicht aufgedeckt werden wird, und nichts verborgen, das nicht bekannt werden wird.

Waschbär - Unfug/Schaden

Positiv: spielerischer Unfug, Streichespieler
Negativ: Diebstahl, Täuschung, Betrug
Bibelstellen: Spr 4,16
Spr 10,23 (EÜ): Des Toren Freude ist es, eine Schandtat zu begehen, des Verständigen Freude, weise zu sein.

Waschbecken - Gebet / Reinigung

Positiv: Buße/Umkehr, Bitte, Fürbitte, das Wort Gottes »wiederkäuen«
Negativ: Selbstrechtfertigung, Rebellion, Sünde
Bibelstellen: Mt 27,24 | Jes 1,16
Jer 4,14: Wasche dein Herz rein von [deiner] Bosheit, o Jerusalem, damit du gerettet wirst! Wie lange sollen deine heillosen Pläne in deinem Herzen bleiben?

Wasser – Geist / Leben

Positiv: Läuterung, Reinigung, Erneuerung, Fließen des Heiligen Geistes, Macht, Weisheit

Negativ: Instabilität, Schuld, Sorgen, Kummer

Bibelstellen: Eph 5,26 | 1Mo 49,4 | Spr 18,4 | Joh 7,38

Joh 4,14: Wer aber von dem Wasser trinkt, das ich ihm geben werde, den wird in Ewigkeit nicht dürsten, sondern das Wasser, das ich ihm geben werde, wird in ihm zu einer Quelle von Wasser werden, das bis ins ewige Leben quillt.

Wassermelone – Frucht

Positiv: erfrischend, süßer Geist, Frieden, Frucht des Geistes, Leben

Negativ: sündige Vergnügungen, Frucht des Fleisches

Bibelstellen: Gal 5,16–23 | Spr 1,31

Jes 4,2 (ELB): An jenem Tag wird der Spross des HERRN zur Zierde und zur Herrlichkeit sein und die Frucht des Landes zum Stolz und zum Schmuck für die Entkommenen Israels.

Weg/Pfad – dein Lebensweg

Positiv: Weg des Lebens, DER Weg, mit Gott gehen, Evangelium, Errettung

Negativ: Fehleinschätzung, Fehler, eigenwillig

Bibelstellen: Hebr 3,10 | Jer 6,16

Neh 9,19 (EÜ): Du aber hast sie in deinem großen Erbarmen nicht in der Wüste verlassen. Die Wolkensäule wich nicht von ihnen bei Tag, sondern führte sie auf ihrem Weg; ebenso erhellte die Feuersäule bei Nacht den Weg, den sie gehen sollten.

Weihnachten - Gabe, Geschenk

Positiv: fröhlicher Jubel, Feier, geistliche Gaben, gute Neuigkeiten

Negativ: Konsum, weltliche Gesinnung, Habgier

Bibelstellen: Lk 11,13 | 1Kor 14,1

Spr 18,16: Das Geschenk macht dem Menschen Raum und verschafft ihm Zutritt zu den Großen.

Weihrauch - Lobpreis

Positiv: Gebet, Lobpreis, Anbetung, Dienst für Gott, Wirksamkeit des Gebetslebens

Negativ: Götzendienst, falsch motivierter Dienst, Selbstverherrlichung

Bibelstellen: Ps 141,2 | Jes 60,6 | Lk 1,10–11

Jer 1,16: Ich will mein Urteil über sie fällen wegen all ihrer Bosheit, dass sie mich verlassen haben und anderen Göttern Räucherwerk dargebracht und die Werke ihrer Hände angebetet haben.

Wein - Geist

Positiv: Offenbarung, Wahrheit, Gemeinschaft, Abendmahl, Weisheit, Heiliger Geist

Negativ: berauschend, starkes Gefühl, Hexerei, Verblendung/ Einbildung

Bibelstellen: Eph 5,18 | Joh 2,3 | Ps 75,8

Lk 5,37–38: Und niemand füllt neuen Wein in alte Schläuche; denn sonst wird der neue Wein die Schläuche zerreißen, und er wird verschüttet, und die Schläuche verderben; sondern neuer Wein soll in neue Schläuche gefüllt werden, so bleiben beide miteinander erhalten.

Weinstock – Quelle / Jesus

Positiv: Christus, Familie, Gemeinde, Stadt oder Nation
Negativ: Verstrickung, Fallstrick, Fleisch
Bibelstellen: Ps 80,8 | Hes 19,10
Joh 15,1–5: Ich bin der wahre Weinstock, und mein Vater ist der Weingärtner. Jede Rebe an mir, die keine Frucht bringt, nimmt er weg; jede aber, die Frucht bringt, reinigt er, damit sie mehr Frucht bringt. Ihr seid schon rein um des Wortes willen, das ich zu euch geredet habe. Bleibt in mir, und ich [bleibe] in euch! Gleichwie die Rebe nicht von sich selbst aus Frucht bringen kann, wenn sie nicht am Weinstock bleibt, so auch ihr nicht, wenn ihr nicht in mir bleibt. Ich bin der Weinstock, ihr seid die Reben. Wer in mir bleibt und ich in ihm, der bringt viel Frucht; denn getrennt von mir könnt ihr nichts tun.

Weintrauben – Frucht / Sieg

Positiv: Frucht des Geistes, Gottes Wort, Versprechen, große Versorgung
Negativ: Frucht des Fleisches, Zorn
Bibelstellen: Mt 20,16 | Offb 14,18
1Mo 40,10–11 (EÜ): Am Weinstock waren drei Ranken und es war mir, als triebe er Knospen. Seine Blüten wuchsen und schon reiften die Beeren an seinen Trauben. Ich hatte den Becher des Pharao in meiner Hand. Ich nahm die Beeren, drückte sie in den Becher des Pharao aus und gab dem Pharao den Becher in die Hand.

Westen - Ende

Positiv: Gnade, sich anpassend, Erweckung, Tod, Ende eines Zeitabschnitts
Negativ: Tod, Ende eines Zeitabschnitts
Bibelstellen: Ps 103,12 | Lk 12,54
2Mo 10,19: Da wendete der HERR den Wind um, dass er sehr stark aus dem Westen wehte und die Heuschrecken aufhob und sie ins Schilfmeer warf, sodass an allen Orten Ägyptens nicht eine übrig blieb.

Wiesel - Informant / Durchhaltevermögen

Positiv: Träger von Informationen, Botschaft
Negativ: Verräter, Tratsch
Bibelstellen: Mk 14,10 | Jes 16,3
Gal 2,4–5 (EÜ): Denn was die falschen Brüder betrifft, jene Eindringlinge, die sich eingeschlichen hatten, um die Freiheit, die wir in Christus Jesus haben, auszuspähen und uns zu versklaven, so haben wir uns ihnen keinen Augenblick unterworfen und ihnen nicht nachgegeben, damit euch die Wahrheit des Evangeliums erhalten bleibe.

Wind - Geist / Beweis

Positiv: Leben, Heiliger Geist, Allmacht Gottes, Erfrischung, Lehre
Negativ: Sturm, Furcht, dämonische Aktivität, Widerstand, Korrektur, gesetzliche Lehre
Bibelstellen: Eph 4,14 | Joh 3,8 | Spr 25,14
Joh 20,22 (EÜ): Nachdem er das gesagt hatte, hauchte er sie an und sagte zu ihnen: Empfangt den Heiligen Geist!

Winter – unfruchtbar / zurückgezogen

Positiv: geduldig, beständig/dauerhaft, Rückzugsort
Negativ: unfruchtbar, kalte Gefühle, schlafend/inaktiv
Bibelstellen: Sach 14,8 | 1Kor 16,6
Spr 20,4 (LUT): Im Herbst will der Faule nicht pflügen; so muss er in der Ernte betteln und kriegt nichts.

Wohnzimmer – aufgedeckt, offenbart / sozial

Positiv: Gemeinschaft, offen gezeigt; Wahrheit, die ans Licht kommt; transparent, ehrlich
Negativ: schlecht funktionierende Beziehungen, Scheinheiligkeit, Unwahrheit
Bibelstellen: Mk 2,4–5
Mk 5,19 (NLB): Doch Jesus sagte zu ihm: »Nein. Geh nach Hause zu deiner Familie und erzähle ihnen, was der Herr für dich getan hat und wie gnädig er gewesen ist.«

Wolf – Raubtier / Feind der Gemeinde

Positiv: Stärke, Beweglichkeit/Geschicklichkeit, Leiterschaft
Negativ: falscher Prophet, Opportunist, Täuschung, Herumtreiber, zerstörerische Kraft innerhalb der Gemeinde
Bibelstellen: Mt 7,15 | Joh 10,10 | Apg 20,29
Jer 5,6: Darum schlägt sie der Löwe aus dem Wald, überfällt sie der Steppenwolf; der Leopard lauert vor ihren Städten, sodass jeder, der sie verlässt, zerrissen wird; denn ihre Übertretungen sind zahlreich, und groß sind ihre Abweichungen!

Wolken – Veränderung / Versprechen

Positiv: Herrlichkeit, Erweckung, gute Veränderung, Schutz
Negativ: Ärger, Bedrängnis, Sturm
Bibelstellen: Zeph 1,15 | Sach 10,1 | 2Mo 14,19
Mt 24,30: Und dann wird das Zeichen des Menschensohnes am Himmel erscheinen, und dann werden sich alle Geschlechter der Erde an die Brust schlagen, und sie werden den Sohn des Menschen kommen sehen auf den Wolken des Himmels mit großer Kraft und Herrlichkeit.

Wurm – Verderben / Zerstörung

Positiv: Fruchtbarkeit, aufgliedern, Reinigung
Negativ: Niedrigkeit, Schwäche, Verderben, böse, Krankheit
Bibelstellen: Ps 22,6 | Mk 9,44
Jes 51,8 (LUT): Denn die Motten werden sie fressen wie ein Kleid, und Würmer werden sie fressen wie ein wollenes Tuch. Aber meine Gerechtigkeit bleibt ewiglich und mein Heil für und für.

Wurzel – Ursprung der Einstellung

Positiv: Überzeugung, lautere Absicht, stabil, unbeweglich
Negativ: verborgene Sünde, selbstsüchtige Motive, Rebellion, niedriges Selbstbewusstsein, Angst
Bibelstellen: Röm 11,16 | 5Mo 29,18
Hebr 12,15 (EÜ): Seht zu, dass niemand von der Gnade Gottes abkomme, damit keine bittere Wurzel aufsprosst, Schaden stiftet und viele durch sie verunreinigt werden.

Wüste – Unfruchtbarkeit

Positiv: Zurückgezogenheit, Meditation, Schutz, Ort der Vorbereitung und des Gebärens
Negativ: unproduktiv, Ungehorsam, geistliche Einöde, Trockenheit, Prüfung
Bibelstellen: Ps 107,4–5 | 5Mo 32,10
Jes 43,19 (NLB): Seht hin; ich mache etwas Neues; schon keimt es auf. Seht ihr es nicht? Ich bahne einen Weg durch die Wüste und lasse Flüsse in der Einöde entstehen.

Zahlen

Eins – Einheit

Positiv: neu, Neubeginn, Zeiteinteilung, Position oder Ordnung, Wichtigkeit, Gottheit
Bibelstellen: 1Mo 1,1.5 | 1Mo 8,13
Mt 6,33: Trachtet vielmehr zuerst nach dem Reich Gottes und nach seiner Gerechtigkeit, so wird euch dies alles hinzugefügt werden!

Zwei – Einheit / gespalten

Positiv: Zeuge, Richter, getrennt, unterscheiden/beurteilen, Abteilung/Bereich, Vereinigung, Ehe, Übereinkunft, Stärke
Negativ: Warnung vor Wankelmütigkeit oder Spaltung
Bibelstellen: 1Mo 1,6–8 | 1Kö 3,25.28
Pred 4,9–10: Es ist besser, dass man zu zweit ist als allein, denn die beiden haben einen guten Lohn für ihre Mühe. Denn wenn sie fallen, so hilft der eine dem anderen auf; wehe aber dem, der allein ist, wenn er fällt und kein Zweiter da ist, um ihn aufzurichten!

Jak 1,6–8 (HFA): Betet aber im festen Vertrauen und zweifelt nicht; denn wer zweifelt, gleicht den Wellen im Meer, die vom Sturm hin- und hergetrieben werden. Ein solcher Mensch kann nicht erwarten, dass der Herr ihm etwas gibt. In allem, was er tut, ist er unbeständig und hin- und hergerissen.

Drei – Stärke

Positiv: gehorchen, übereinstimmen, nachahmen, Ähnlichkeit, Tradition, göttliche Vollkommenheit, Dreieinigkeit

Bibelstellen: 1Mo 1,9.11 | Eph 3,19

Röm 8,29: Denn die er zuvor ersehen hat, die hat er auch vorherbestimmt, dem Ebenbild seines Sohnes gleichgestaltet zu werden, damit er der Erstgeborene sei unter vielen Brüdern.

Vier – Herrschaft

Positiv: Welt, Erde, Schöpfung, kreatives Werk, Gebiet

Bibelstellen: 1Mo 1,16.18–19 | Offb 5,9 | Jes 58,6–10

Lk 13,29: Und sie werden kommen von Osten und von Westen, von Norden und von Süden, und zu Tisch sitzen im Reich Gottes.

Fünf – Dienst / Dienstbereiche / Vollkommenheit

Positiv: Werke, Dienst, Sühne/Versöhnung, Gnade, Fülle, fünffältiger Dienst

Bibelstellen: 1Mo 1,20 | 3Mo 27,31 | Mt 25,2

1Sam 17,40: Und er nahm seinen Stab in die Hand und erwählte sich fünf glatte Steine aus dem Bach und legte sie in die Hirtentasche, die er hatte, und zwar in die Schleudersteintasche, und er nahm seine Schleuder zur Hand und näherte sich dem Philister.

Sechs - Mensch

Negativ: Fleisch, fleischlich/körperlich, Götzendienst, Satan, Selbstbild, Werk/Arbeit, Mühe und Strapaze, Fluch, Tier (Biest)

Bibelstellen: 1Mo 1,26.31 | 4Mo 35,15

Offb 13,18: Hier ist die Weisheit! Wer das Verständnis hat, der berechne die Zahl des Tieres, denn es ist die Zahl eines Menschen, und seine Zahl ist 666.

Sieben - Vollendung / Gott

Positiv: abgeschlossene Arbeit, reif, Perfektion, Ruhepause

Bibelstellen: 1Mo 2,1–3 | Mt 18,21–22

Offb 1,20 (EÜ): Das Geheimnis der sieben Sterne, die du auf meiner rechten Hand gesehen hast, und der sieben goldenen Leuchter ist: Die sieben Sterne sind die Engel der sieben Gemeinden und die sieben Leuchter sind die sieben Gemeinden.

Acht - Neubeginn

Positiv: heiligen, offenbar, offenlegen, Tod, Auferstehung, Freiheit

Bibelstellen: 1Mo 17,12 | 1Petr 3,20–21 | 2Chr 29,17

2Petr 2,5: … und hat die frühere Welt nicht verschont, sondern bewahrte mit Noah, dem Prediger der Gerechtigkeit, nur acht Menschen, als er die Sintflut über die Welt der Gottlosen brachte.

Neun - Erntezeit / Ernte

Positiv: Frucht des Geistes, Gaben des Geistes, Fruchtbarkeit, abgeschlossene Entwicklung, Endgültigkeit, Reife

Bibelstellen: Lk 17,17 | Gal 5,22–23

1Kor 12,7–11 (EÜ): Jedem aber wird die Offenbarung des Geistes geschenkt, damit sie anderen nützt. Dem einen wird vom Geist die Gabe geschenkt, Weisheit mitzuteilen, dem anderen durch denselben Geist die Gabe, Erkenntnis zu vermitteln, einem

anderen in demselben Geist Glaubenskraft, einem anderen – immer in dem einen Geist – die Gabe, Krankheiten zu heilen, einem anderen Kräfte, Machttaten zu wirken, einem anderen prophetisches Reden, einem anderen die Fähigkeit, die Geister zu unterscheiden, wieder einem anderen verschiedene Arten von Zungenrede, einem anderen schließlich die Gabe, sie zu übersetzen. Das alles bewirkt ein und derselbe Geist; einem jeden teilt er seine besondere Gabe zu, wie er will.

Zehn - Vollendung / Prüfung

Positiv: göttliche Erfüllung, Ordnung, in Gottes Augen gerechtfertigt, der Zehnte, Maß

Negativ: Prüfungen und Versuchungen, testen, Gesetz, unerfüllt

Bibelstellen: 3Mo 27,32 | Offb 2,10

2Mo 34,28: Und er war dort bei dem HERRN 40 Tage und 40 Nächte lang und aß kein Brot und trank kein Wasser. Und Er schrieb die Worte des Bundes auf die Tafeln, die zehn Worte.

Hinweis zu den Zahlen 11-19:

Es ist wichtig zu wissen, dass die Zahlen 11–19 für das jeweilige Gegenteil der Zahlen 1–9 stehen. Zum Beispiel bedeutet »2« teilen, »12« bedeutet zusammenfügen und »11« bedeutet Teilung / Ende, beenden, abschließend, Letztes, anhalten.

Bibelstellen: 1Mo 27,9 | 5Mo 11,8

Mt 28,16: Die elf Jünger aber gingen nach Galiläa auf den Berg, wohin Jesus sie bestellt hatte.

Zwölf - verbunden / Fülle

Positiv: göttliche Regierung, apostolische Fülle, Jüngerschaft, Aufsicht, Einheit

Bibelstellen: Offb 22,2 | 2Mo 15,27

Lk 9,1–2: Er rief aber seine zwölf Jünger zusammen und gab ihnen Kraft und Vollmacht über alle Dämonen und zur Heilung von Krankheiten; und er sandte sie aus, das Reich Gottes zu verkündigen und die Kranken zu heilen.

Dreizehn - Schwäche

Negativ: Revolution, Rebellion, Ablehnung, Rückfall

Bibelstellen: 1Mo 14,4 | Est 9,11

1Kö 7,1: Aber an seinem Haus baute Salomo 13 Jahre lang, bis er sein ganzes Haus vollendet hatte.

Vierzehn - nachbilden / Ruhestand

Positiv: Jünger, Diener, vermehren, Passah

Bibelstellen: 2Mo 12,6 | 1Kö 8,65

4Mo 9,5: Und sie hielten das Passah am vierzehnten Tag des ersten Monats zur Abendzeit in der Wüste Sinai. Ganz wie der HERR Mose geboten hatte, so machten es die Kinder Israels.

Fünfzehn - Befreiung / Freiheit

Positiv: Gnade, Freiheit, Ehre

Bibelstellen: 3Mo 23,6–7 | Hos 3,2 | 1Mo 7,20

Jes 38,5: Geh hin und sage zu Hiskia: So spricht der HERR, der Gott deines Vaters David: Ich habe dein Gebet erhört und deine Tränen angesehen. Siehe, ich will zu deinen Lebenstagen noch 15 Jahre hinzufügen.

Sechzehn - freigeistig

Positiv: frei vom Gesetz, ohne Begrenzungen, Errettung

Bibelstellen: Apg 27,34.37–38

Röm 8,2: Denn das Gesetz des Geistes des Lebens in Christus Jesus hat mich frei gemacht von dem Gesetz der Sünde und des Todes.

Siebzehn – unvollständig / unreif

Positiv: einen Anteil oder ein Erbteil erhalten

Negativ: unentwickelt oder unterentwickelt, verfrüht/frühgeboren, unvollendet, kindisch, naiv

Bibelstellen: 1Mo 37,2

Jer 32,9: Und ich kaufte das Feld bei Anatot von meinem Vetter Hanamel und wog ihm das Geld dar, 17 Schekel Silber.

Achtzehn – Bindung an die Vergangenheit

Negativ: Gericht, Zerstörung, Gefangenschaft, überwältigt

Bibelstellen: Lk 13,4 | Lk 13,11–16

Ri 10,7–8: Da entbrannte der Zorn des HERRN über Israel, und er verkaufte sie unter die Hand der Philister und der Ammoniter. Und diese zerschlugen und unterdrückten die Kinder Israels in jenem Jahr und danach 18 Jahre lang, alle Kinder Israels jenseits des Jordan im Land der Amoriter, in Gilead.

Neunzehn – unfruchtbar

Positiv: bußfertig, Abwesenheit von Selbstgerechtigkeit

Negativ: beschämet, unfruchtbar im Natürlichen oder im Geist

Bibelstellen: Röm 6,21

2Sam 2,30: Joab aber kehrte um von der Verfolgung Abners und versammelte das ganze Volk. Und es fehlten von den Knechten Davids 19 Mann und Asahel.

Zwanzig – bewilligt / angenommen

Positiv: erprobt oder bewährt, Erlösung, Rettung, Schutz

Bibelstellen: 2Mo 30,12–14 | 1Mo 18,31 | Ps 68,17–18

1Mo 31,38–42: Diese 20 Jahre bin ich bei dir gewesen; deine Mutterschafe und Ziegen wurden nie ihrer Jungen beraubt, und die Widder deiner Herde habe ich nicht gegessen! Was zerrissen

wurde, habe ich dir nicht gebracht; ich musste es ersetzen, du hast es von meiner Hand gefordert, ob es bei Tag oder bei Nacht geraubt war. Es ging mir so: Am Tag verschmachtete ich vor Hitze und in der Nacht vor Frost, und der Schlaf floh von meinen Augen. Diese 20 Jahre lang habe ich dir in deinem Haus gedient, 14 Jahre um deine beiden Töchter und sechs Jahre um deine Schafe, und du hast mir meinen Lohn zehnmal verändert! Wenn nicht der Gott meines Vaters für mich gewesen wäre, der Gott Abrahams und der, den Isaak fürchtet, du hättest mich gewiss jetzt leer ziehen lassen; aber Gott hat mein Elend und die Arbeit meiner Hände angesehen und hat gestern Nacht Recht gesprochen!

Vierundzwanzig - Weihe

Positiv: Reife, Priestertum, Perfektion in Leiterschaft

Bibelstellen: 1Chr 24,3–5

Offb 4,4–5.9–11: Und rings um den Thron waren 24 Throne, und auf den Thronen sah ich 24 Älteste sitzen, die mit weißen Kleidern bekleidet waren und auf ihren Häuptern goldene Kronen hatten. Und von dem Thron gingen Blitze und Donner und Stimmen aus, und sieben Feuerfackeln brennen vor dem Thron, welche die sieben Geister Gottes sind. … Und jedes Mal, wenn die lebendigen Wesen Herrlichkeit und Ehre und Dank darbringen dem, der auf dem Thron sitzt, der lebt von Ewigkeit zu Ewigkeit, so fallen die 24 Ältesten nieder vor dem, der auf dem Thron sitzt, und beten den an, der lebt von Ewigkeit zu Ewigkeit; und sie werfen ihre Kronen vor dem Thron nieder und sprechen: Würdig bist du, o Herr, zu empfangen den Ruhm und die Ehre und die Macht; denn du hast alle Dinge geschaffen, und durch deinen Willen sind sie und wurden sie geschaffen!

Dreißig - Beginn der Reife

Positiv: Dienst anerkannt, Reife, Blut Christi

Bibelstellen: 1Mo 41,16 | 4Mo 4,3

Lk 3,23 (EÜ): Jesus war, als er zum ersten Mal öffentlich auftrat, etwa dreißig Jahre alt. Er galt als Sohn Josefs.

Vierzig - Bewährung, prüfen

Positiv: Reinigung, Lieferung, Glaube

Negativ: Prüfung, Wildnis

Bibelstellen: 1Mo 7,4 | 2Mo 16,35

Mt 4,1–2 (NLB): Danach führte der Heilige Geist Jesus in die Wüste, weil er dort vom Teufel auf die Probe gestellt werden sollte. Nachdem er vierzig Tage und vierzig Nächte keine Nahrung zu sich genommen hatte, war er sehr hungrig.

Fünfzig - Pfingsten

Positiv: Jubeljahr, Freiheit, Heiliger Geist

Bibelstellen: 1Kö 18,4 | Lk 9,14

3Mo 23,16 (EÜ): Zählt fünfzig Tage bis zum Tag nach dem siebten Sabbat und dann bringt dem HERRN ein neues Speiseopfer dar!

Siebzig - Vielzahl

Positiv: Zunahme, Wiederherstellung, Übertragung, Vermehrung

Bibelstellen: 4Mo 11,16–25 | Hes 8,11

Lk 10,1: Danach aber bestimmte der Herr noch 70 andere und sandte sie je zwei und zwei vor sich her in alle Städte und Orte, wohin er selbst kommen wollte.

Hundert - Fülle

Positiv: volles Maß, völlige Wiederherstellung, volle Belohnung

Bibelstellen: 1Mo 26,12

Mk 10,29–30 (HFA): Jesus antwortete: »Ich versichere euch: Jeder, der sein Haus, seine Geschwister, seine Eltern, seine Kinder oder seinen Besitz zurücklässt, um mir zu folgen und die rettende Botschaft von Gott weiterzusagen, der wird schon hier auf dieser Erde alles hundertfach zurückerhalten: Häuser, Geschwister, Mütter, Kinder und Besitz. All dies wird ihm – wenn auch mitten unter Verfolgungen – gehören und außerdem in der zukünftigen Welt das ewige Leben.

Tausend - Reife

Positiv: vollständig vorbereitet sein, Reife im Dienst und in der Urteilsfähigkeit

Bibelstellen: Jos 3,3–4 | Eph 4,13 | 1Sam 17,5

Offb 20,6: Glückselig und heilig ist, wer Anteil hat an der ersten Auferstehung! Über diese hat der zweite Tod keine Macht, sondern sie werden Priester Gottes und des Christus sein und mit ihm regieren 1000 Jahre.

Zähne – Weisheit

Positiv: Erfahrung, weiser Rat, Meditation; Abhängigkeit (die Zähne zu verlieren, erscheint negativ, ist jedoch eigentlich positiv, weil wir unsere eigene Weisheit verlieren und von Gottes Weisheit abhängig werden)

Negativ: Zerstörung, Gefahr, ohne Weisheit, unerfahren, unreif

Bibelstellen: Ps 3,7 | Offb 9,8

Spr 30,14: Ein Geschlecht, dessen Zähne Schwerter und dessen Gebisse Messer sind, um die Elenden aus dem Land wegzufressen und die Armen aus der Mitte der Menschen.

Zaun – Schutz, Grenze, Selbstverteidigung

Positiv: Gottes Schutz, Rettung, Ort der Sicherheit, Umgrenzung/ Limit in Dienst oder Unternehmen

Negativ: Selbstverteidigung, Trennung, Selbstschutz – Dingen oder Menschen mehr vertrauen als Gott; Aufbau falscher Lehren; Hindernis oder Begrenzung, die die Berufung einer Person behindert

Hiob 1,10: Hast du nicht ihn und sein Haus und alles, was er hat, ringsum eingehegt? Das Werk seiner Hände hast du gesegnet, und seine Herden breiten sich im Land aus.

Mi 7,3–4: Zum Bösen brauchen sie beide Hände, um es ja recht gut zu machen; der Fürst fordert, und dem Richter ist es um den Lohn zu tun; der Große sagt, wie er es haben will, und danach drehen sie's! Der Beste von ihnen ist wie ein Dornstrauch, der Redlichste schlimmer als eine Dornhecke. Doch der Tag, den deine Wächter schauten, deine Heimsuchung ist gekommen; da werden sie nicht aus noch ein wissen!

Zebra – anpassungsfähig / Mangel an Unterscheidungsgabe

Positiv: Durch seine Streifen ist ein Zebra optimal getarnt – die Fähigkeit, sich anzupassen und in jedweder Situation ruhig zu bleiben. Heilung durch die Striemen (Streifen) Jesu und sein Leiden.

Negativ: Ein Zebra ist unfähig, seine Fettreserven während einer Dürre zum Überleben zu nutzen und kann verhungern – dem Heiligen Geist widerstehen; mit einem Problem kämpfen, obwohl der Heilige Geist helfen würde. Mischung aus schwarzen und weißen Streifen – die Unfähigkeit zwischen Licht und Finsternis zu unterscheiden.

Jes 53,5 (NEÜ): Doch man hat ihn durchbohrt wegen unserer Schuld, ihn wegen unserer Sünden gequält. Für unseren Frieden ertrug er den Schmerz, und durch seine Striemen sind wir geheilt.

1Kor 4,5 (EÜ): Richtet also nicht vor der Zeit; wartet, bis der Herr kommt, der das im Dunkeln Verborgene ans Licht bringen und die Absichten der Herzen aufdecken wird! Dann wird jeder sein Lob von Gott erhalten.

Zeitung – Bekanntmachung

Positiv: etwas bekannt machen, Prophetie, wichtiges oder besonderes Ereignis

Negativ: Tratsch, öffentliches Bekanntmachen von Sünde

Hinweis: Es hilft, dieses Symbol besser zu verstehen, wenn besonderes Augenmerk darauf gelegt wird, was in der Zeitung stand. Es könnte sich um die Ankündigung eines guten oder schlechten Ereignisses handeln oder eine Botschaft für einen selbst oder jemand anderen sein.

Bibelstellen: Lk 8,17, Jes 52,7

Spr 25,25: Wie kühles Wasser für eine dürstende Seele, so ist eine gute Botschaft aus fernem Land.

2Sam 18,20: Joab aber sprach zu ihm: Du bist heute kein Mann guter Botschaft! An einem anderen Tag kannst du eine gute Botschaft bringen, heute aber kannst du keine gute Botschaft bringen; denn der Sohn des Königs ist tot!

Ziege – Opfergabe / falsches Schaf

Positiv: Opfer, Feier

Negativ: Kampf/Streit, Unglaube, Rebellion, starrsinnig, streitsüchtig

Bibelstellen: 3Mo 16,10 | Mt 25,33

4Mo 28,22 (NLB): Darüber hinaus sollt ihr einen Ziegenbock als Sündopfer darbringen, um Wiedergutmachung für euch zu schaffen.

Zimmermann – Erbauer / fleischliche Werke

Positiv: Prediger, Evangelist, geschickter Arbeiter, Vertreter/Beauftragter Christi

Negativ: Werke des Fleisches

Bibelstellen: 2Kö 22,6 | Jes 41,7 | Mk 6,3

Mt 13,55: Ist dieser nicht der Sohn des Zimmermanns? Heißt nicht seine Mutter Maria, und seine Brüder [heißen] Jakobus und Joses und Simon und Judas?

Zion – Wohnort Gottes / Schutz

Positiv: Majestät, Stabilität, Stärke, erhöht, Königreich Gottes, Verklärung, Prophetie

Negativ: Hindernis, Schwierigkeit, Herausforderung, (Todes-) Qual, menschliches Königreich

Bibelstellen: Ps 50,2 | Röm 9,33

Sach 8,3: So spricht der HERR: Ich will wieder nach Zion zurückkehren, und ich werde Wohnung nehmen mitten in Jerusalem, und Jerusalem soll »die Stadt der Wahrheit« heißen und der Berg des HERRN der Heerscharen »der heilige Berg«.

Zoo – Zeit der Erfrischung / Verwirrung

Positiv: Qualitätszeit, gemeinsame Zeit mit Freunden und Familie verbringen, Zeit der Erfrischung

Negativ: Mangel an Ausrichtung; sich auf zu viele Dinge gleichzeitig konzentrieren; kann sich auch auf Chaos und Verwirrung beziehen

Spr 18,24: Wer viele Gefährten hat, der wird daran zugrunde gehen, aber es gibt einen Freund, der anhänglicher ist als ein Bruder.

Pred 8,15: Darum habe ich die Freude gepriesen, weil es für den Menschen nichts Besseres gibt unter der Sonne, als zu essen und zu trinken und fröhlich zu sein, dass ihn das begleiten soll bei seiner Mühe alle Tage seines Lebens, die Gott ihm gibt unter der Sonne.

Phil 4,8: Im Übrigen, ihr Brüder, alles, was wahrhaftig, was ehrbar, was gerecht, was rein, was liebenswert, was wohllautend, was irgendeine Tugend oder etwas Lobenswertes ist, darauf seid bedacht!

2Kor 10,5 (NGÜ): Mit diesen Waffen bringen wir eigenmächtige Gedankengebäude zum Einsturz und reißen allen menschlichen Hochmut nieder, der sich gegen die wahre Gotteserkenntnis auflehnt. Das ganze selbstherrliche Denken nehmen wir gefangen, damit es Christus gehorsam wird.

Zug – Dienst mit vielen Facetten oder Abteilungen

Positiv: beständig, unablässige Arbeit, geistliche Verbindungen, große Bewegung des Heiligen Geistes

Negativ: begrenzte Bewegungsfreiheit, vom Fleisch getrieben, Werkegerechtigkeit/getrieben von Werken

Bibelstellen: 1Thess 2,18 | Apg 2,42 | 1Kö 12,18

Ps 77,2 (EÜ): Am Tag meiner Not suchte ich den Herrn; unablässig erhob ich nachts meine Hände, meine Seele ließ sich nicht trösten.

Zweig(e) – Nachkomme, Sprössling / ungöttliche Erweiterungen

Positiv: Kinder, Jünger, Schüler, Frucht des Geistes, verbunden, Erweiterung von etwas

Negativ: Frucht des Fleisches, ungesunde Bindungen

Bibelstellen: Jes 4,2 | Jer 33,15

Joh 15,5: Ich bin der Weinstock, ihr seid die Reben; wer in mir bleibt und ich in ihm, der bringt viel Frucht; denn getrennt von mir könnt ihr nichts tun.

INDEX

Workshop Prophetie

INKLUSIVE MP3-CD!
8 Einheiten mit mehr als 5 Stunden Lehre von Ed Traut

Nach 1. Korinther 14 ist jeder Christ zur Weissagung aufgerufen. Dieser Workshop soll Christen helfen, zu erkennen, was das Wort Gottes über Prophetie und Propheten sagt. Die Themen reichen vom Zweck von Prophetie, über persönliche Prophetie und das Amt des Propheten bis hin zu den Offenbarungsgaben. Dem Arbeitsheft liegt eine CD mit mehr als 5 Stunden Lehre bei.

104 Seiten, Paperback mit MP3-CD, ISBN 978-3-95933-143-2

Auch als Audio-Download erhältlich.